KB058466

다양한 북이십일 채널과 함께하세요!

BOOK21

- 📘 21cbooks
- 📷 book_twentyone
- 📱 book_21
- ▶️ book21pub

책을 읽는 즐거움 북이십일 유튜브!

서울대 가지 않아도 들을 수 있는 명강의
도서는 물론, 유튜브 강연,
그리고 다양한 이벤트까지 —
내 삶에 교양과 품격을 더해줄 지식 아카이브!

유튜브   서가명강 사이트

[서가명강]을
다양한 플랫폼에서
만나보세요!

서가명가

서울대 가지 않아도 들을 수 있는 명강의

01 나는 매주 시체를 보러 간다 법의학교실 유성호
02 크로스 사이언스 생명과학부 홍성욱
03 이토록 아름다운 수학이라면 수학교육과 최영기
04 다시 태어난다면, 한국에서 살겠습니까 사회학과 이재열
05 왜 칸트인가 철학과 김상환
06 세상을 읽는 새로운 언어, 빅데이터 산업공학과 조성준
07 어둠을 뚫고 시가 내게로 왔다 서어서문학과 김현균
08 한국 정치의 결정적 순간들 정치외교학부 강원택
09 우리는 모두 별에서 왔다 물리천문학부 윤성철
10 우리에게는 헌법이 있다 법학전문대학원 이효원
11 위기의 지구, 물러설 곳 없는 인간 지구환경과학부 남성현
12 삼국시대, 진실과 반전의 역사 국사학과 권오영
13 불온한 것들의 미학 미학과 이해완
14 메이지유신을 설계한 최후의 사무라이들 동양사학과 박훈
15 이토록 매혹적인 고전이라면 독어독문학과 홍진호
16 1780년, 열하로 간 정조의 사신들 동양사학과 구범진
17 건축, 모두의 미래를 짓다 건축학과 명예교수 김광현
18 사는 게 고통일 때, 쇼펜하우어 철학과 박찬국
19 음악이 멈춘 순간 진짜 음악이 시작된다 작곡과 오희숙
20 그들은 로마를 만들었고, 로마는 역사가 되었다 역사교육과 김덕수
21 뇌를 읽다, 마음을 읽다 정신건강의학과 권준수
22 AI는 차별을 인간에게서 배운다 법학전문대학원 고학수
23 기업은 누구의 것인가 경영대학 이관휘
24 참을 수 없이 불안할 때, 에리히 프롬 철학과 박찬국
25 기억하는 뇌, 망각하는 뇌 뇌인지과학과 이인아
26 지속 불가능 대한민국 행정대학원 박상인
27 SF, 시대 정신이 되다 영어영문학과 이동신
28 우리는 왜 타인의 욕망을 욕망하는가 인류학과 이현정
29 마지막 생존 코드, 디지털 트랜스포메이션 경영대학 유병준
30 저, 감정적인 사람입니다 교육학과 신종호
31 우리는 여전히 공룡시대에 산다 지구환경과학부 이융남
32 내 삶에 예술을 들일 때, 니체 철학과 박찬국
33 동물이 만드는 지구 절반의 세계 수의학과 장구
34 6번째 대멸종 시그널, 식량 전쟁 농업생명과학대학 특임교수 남재철
35 매우 작은 세계에서 발견한 뜻밖의 생물학 생명과학부 이준호

* 서가명강 시리즈는 계속 출간됩니다.

NAVER 네이버와 ▶️ 유튜브에서 [서가명강 🔍] 을 검색하세요.

인간다움
김기현 지음 | 값 19,800원

무엇이 우리를 인간답게 하는가!
인간다운 삶을 지탱하는 3가지 기준

문명의 형성에서 지금에 이르기까지, '인간다움'의 연대기를 추적하며 허공에 떠 있는 듯한 '인간다움'의 개념을 재정의한다. 우리를 인간답게 만드는 무수한 재료들 가운데 가장 핵심적이고 특별한 것이 무엇인지, 우리가 인간답고 존엄한 삶을 재정립하는데 어떻게 '인간다움'이 무기이자 축복이 되는지 알 수 있다.

나는 왜 꾸물거릴까?
이동귀, 손하림, 김서영, 이나희, 오현주 지음 | 값 18,000원

미루는 습관을 타파하는 성향별 맞춤 심리학
이동귀 교수가 알려주는 시작의 기술!

미루고 미루다 오늘도 벼락치기 한 사람이라면 주목! 꾸물거린다고 게으른 것이 아니다. 일을 미루는 것은 감정 조절의 문제다. 국내 최초 5가지 성향 분석을 통해 자책과 후회는 멈추고 내 안의 숨은 성장 동기를 끌어내보자.

어른이 되었어도 외로움에 익숙해지진 않아
마리사 프랑코 지음, 이종민 옮김 | 값 19,800원

우리 삶을 지탱하는 건 로맨스가 아닌 우정이다!

어른이 될수록 점점 더 외로워지는 이유는 무엇일까? 과잉 연결의 시대, 우정에 영향을 미치는 3가지 애착유형부터 관계를 단단하게 만드는 6가지 우정의 공식까지, 당신에게 가장 잘 어울리는 인생의 든든한 벗을 찾는 방법을 알려준다.

프레임
굿 라이프
최인철 지음 | 각 값 20,000원

서울대 행복연구센터장
최인철 교수가 전하는
나 그리고 내 삶을 바꾸는
심리학의 지혜

우리 아이 미래를 바꿀 대한민국 교육 키워드7
방종임 · 이만기 지음 | 값 22,000원

40만 학부모의 길잡이 '교육대○○○
초중등 학부모가 알아야 할 ○○

34년 만에 바뀌는 수능. 내신 5등급○
동하는 교육 정책, 어떻게 따라가야 ○
육대기자'와 대한민국 최고의 입시○○
주는 7가지 교육 키워드!

세상에서 가장 쉬운
지나영 지음 | 값 18,800원

존스홉킨스 소아정신과
지나영 교수가 알려주는

육아의 본질에 대한 새로운 시○
육아의 핵심인 '잠재력, 사랑과 ○
게 전달할 수 있는 실천법과
마음으로 삶의 근본을 보여주○
삶을 개척하게 될 것이다.

메타인○
임포스○
리사 손 지○

메타인지
리사 손
부모들○
좋은 시○

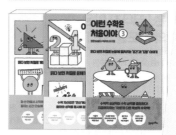

The Fortune
더 포춘

타고난 팔자를 뛰어넘는 돈복 끌어당김의 법칙

The **Fortune**

김동완 지음

더 포춘

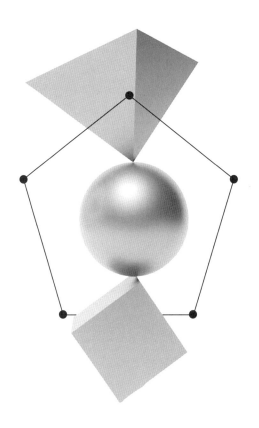

21세기북스

돈 때문에 불행하다고 생각하는 사람들을 위한
운명의 터닝 포인트

'당신은 돈을 벌고 싶은가?'라는 질문에 '아니오!'라고 대답하는 사람은 아마 없을 것이다. '당신은 행복하고 싶은가?'라는 질문에도 '아니오!'라고 대답하는 사람은 없을 것이다. 누구나 부자이기를 바라고 행복을 꿈꾼다.

운명학運命學의 한자 풀이는 곧 '삶을 움직이는 학문'이라는 뜻이다. 운명학을 연구하면서 나는 오랜 세월 동안 30만 명 안팎의 사람들을 상담했고, 그 과정 속에서 어떻게 하면 돈을 벌 수 있는지를 늘 연구해왔다. 이 책은 나의 그런 축적된 경험과 임상을 바탕으로 쓴 글이다. 돈을 벌고 싶다면 20대부터 나이에 상관없이 이 책을 읽기를 권한다. 이 책이 자신에게 주어진 달란트를 찾아내고 장단점을 파악해 스스로 자신의 운명을 통제하고 조절할 수 있도록 도울 것이다.

이 책을 관통하는 핵심 키워드는 '지속가능한 행복'이다. '지속가능한 행복'의 내면을 이루는 단어인 이타심, 열정, 평화, 완벽, 창의를 바탕으로 성공, 돈, 운, 행운을 다루고자 한다. 돈을 벌려면 어떻게 해야 할까? 여기서 그 정답을 미리 공개하자면 바로 행복해야 한다. 그리고 내가 행복하기 위해서는 타인을 행복하게 해야 한다. 거기에 비결이 숨어 있다. 프란치스코 교황은 우리에게 이렇게 말한다.

강은 자신의 물을 마시지 않고, 나무는 자신의 열매를 먹지 않으며, 태양은 스스로를 비추지 않고, 꽃은 자신을 위해 향기를 퍼뜨리지 않습니다. 남을 위해 사는 것이 자연의 법칙입니다. 우리 모두는 서로를 돕기 위해 태어났습니다. 아무리 어렵더라도 말입니다. 인생은 당신이 행복할 때 좋습니다. 그러나 더 좋은 것은 당신 때문에 다른 사람이 행복할 때입니다.

돈을 벌기를 바라고, 행복을 꿈꾸는 사람들이 반드시 마음 깊이 새기고 실천해야 하는 말이다. 이 책은 돈을 벌고 싶어 하는 사람들을 위해 쓴 책이지만 돈을 벌고 싶어 하는 사람들의 이야기를 쓴 것은 아니다. 이미 돈을 번 사람들, 부자가 된 사람들에 대한 이야기다. 부자들은 돈을 위해 일하지 않는다. 부자들은 나의 행복을 위해, 그리고 타인의 행복을 위해 일한다.

　"우리는 서로 돕기를 원한다. 인간이란 존재는 그런 것이다. 우리는 서로의 불행이 아니라 서로의 행복에 의해 살아가기를 원한다"라는 찰리 채플린의 말처럼 돈의 행운(운)은 누군가의 불편함을 돕는 것에서부터 시작된다. 누군가가 나의 불편함을 해결해줄 때, 그래서 나의 불행이 행복으로 변화할 때 사람들은 그 대가를 치르기 위해 기꺼이 지갑을 연다. 누군가의 불편함을 해결해준 나의 노력이 사람들을 행복하게 만들고, 사람들의 행복이 다시 나의 부와 성공을 만들어주는 행복으로 돌아온다.

　인류의 역사가 시작되고부터 지금까지 타인의 삶을 행복하게 해줄 때 나에게도 성공과 행복이 찾아온다는 이

단순한 진리는 변함이 없다. 이 책은 타인을 행복하게 함으로써 자신의 성공을 이룬 사람들의 삶을 조명하고, 그들이 어떻게 운명을 개척해나갔는지를 살펴 볼 것이다. 그럼으로써 인생의 새로운 도전과 성공을 꿈꾸는 사람들에게 획기적인 터닝 포인트의 기회를 제공할 것이다.

이 책이 돈 때문에 불행하다고 생각하는 사람들, 그래서 내 삶이 행복하지 않다고 생각하는 사람들에게 새로운 세상을 꿈꾸는 기회가 되어주기를 바란다.

2023년 겨울

김동완

♦ 목차 ♦

프롤로그 04

1부 운명, 변화하는 삶을 잡아라

1장 운명이란 결정론인가, 변화론인가 15

1센티미터 손금의 비밀 | 사주에 여자가 많으면 다 바람둥이일까 | 역마살과
도화살도 좋은 사주다 | 호의호식에 무관심한 사주 | 만인에게 공정한 사주
팔자

2장 사주팔자를 파헤쳐 운명을 경영하라 30

장점은 극대화하고 단점은 보완하라 | 긍정적인 사람이 운도 잡는다 | 지금
이 순간이 운발을 결정한다 | 인간관계는 작은 인연에서부터 시작된다 | 나
눌수록 커지는 행복 | 베푸는 삶이 가져다주는 존재의 이유

3장 달란트는 누구에게나 있다 46

나는 어떤 기질일까 | 에니어그램과 달란트 | 나에게 맞는 직업은 뭘까 | 다이
버전트의 다섯 분파와 오행의 리더십 분석 | 나만의 황금 씨앗을 찾아라

4장 시대를 앞선 리더들의 운 활용법 64

세종대왕도 사주를 봤다 | 이순신 장군의 주역점 | 왕이 될 상입니다! | 나를
살피면 길이 보인다

2부 더불어 사는 오행 균형의 지속가능한 행복

1장 지속가능한 세상을 여는 상생의 법칙 ⸺⸺ 75

끊임없이 움직이는 상생의 법칙 | 오행의 상생 키워드 | 우리가 있기에 내가 있다 | 오행의 균형관계

2장 초연결 시대, 행복을 부르는 공동체로의 회귀 ⸺⸺ 86

함께하면 무엇이든 가능하다 | 내 행복의 첫 번째 조건, 타인을 행복하게 하라 | 국민이 행복해야 하는 이유

3장 행복이 찾아오게 하는 아주 쉬운 팁 ⸺⸺ 99

나는 누구와 얼마나 깊이 관계 맺고 있는가 | 나는 얼마나 용기 있는가 | 나는 얼마나 인내하는가 | 나는 얼마나 겸손한가 | 나는 얼마나 이타적인가

4장 행복한 사람들은 어떤 선택을 하는가 ⸺⸺ 110

행복한 사람들의 4가지 자기변화 | 행복한 사람들의 8가지 법칙 | 행복한 인디언의 포틀래치 풍습 | 역지사지의 마음 | 동물도 사랑을 안다 | 필요한 사람으로 산다는 것

3부 개인주의 시대, 나의 운을 혁명하다

1장 운을 부르는 핵심 비법   133

모든 운은 계획에서 비롯된다 | 운이 좋아지는 7가지 방법 | 행복한 사람에게 운이 온다 | 대인관계를 통해 운을 부르는 방법 | 판매를 통해 운을 부르는 방법 | 부자가 되는 방법 | 운에 맡기지 말고 운을 다루어라

2장 성공과 부를 불러오는 행운의 키워드   152

재능과 노력 | 행운과 실력 | 부자(성공)의 루틴 vs 빈자(실패)의 루틴 | 작은 성취에도 기뻐하고 아이디어로 승부하라 | 대운은 누구에게나 들어 있다 | 불운 중에도 행운은 있다 | 급격한 변화에 따라 미래를 대비하라

3장 인생을 바꾸는 운명의 터닝 포인트   168

귀인을 만나는 방법 | 메시에게 날아온 한 통의 편지 | 스톡데일 패러독스 | 터닝 포인트와 카이로스의 시간

4장 자기혁명의 5가지 유형   180

배려와 인정, 사랑의 목의 유형 | 열정적이고 모험적인 화의 유형 | 관계, 평화, 소통의 귀재인 토의 유형 | 완벽한 원칙주의자인 금의 유형 | 생각이 많고 창의적인 수의 유형

4부 융복합 시대, 연대와 교류로 운을 창조하라

1장 고립 시대에서 관계 교류의 시대로 197

나는 얼마나 사교적인가 | 너와 나의 연결 고리 | 친구가 행복을 부른다

2장 성공을 부르는 5가지 유형별 대인관계 204

인정받고 싶어 하는 유형 | 함께 성장하고 싶어 하는 유형 | 즐겁고 재미있는
삶을 꿈꾸는 유형 | 앞장서서 조직을 이끌고 싶어 하는 유형 | 의존적이고 충
성스러운 유형

3장 내 돈은 내가 만든다 215

나의 운이 좋아지는 색상 | 돈과 복을 부르는 방향 | 돈과 복을 부르는 기업의
로고 | 부자가 되기 위해 버려야 할 것들

4장 공동체의 운이 곧 나의 운이다 225

나의 성공과 운은 공동체의 운과 함께한다 | 태어난 나라와 부모가 내 운을
바꾼다 | 나의 성공은 온전히 나의 능력 때문일까 | 우리에게 행운이란 | 가장
빛나는 삶의 보석, 지금!

주요 키워드 240
참고 문헌 245

1부

운명,
변화하는
삶을 잡아라

운명은 절대 바꿀 수 없다고

말하는 사람들조차

길을 건너기 전에

좌우를 살피는 것을 나는 보았다.

— 스티븐 호킹

운명이란 결정론인가,
변화론인가

1센티미터 손금의 비밀

운명運命이란 무엇일까? 그리고 우리는 운명을 얼마나 믿고 있을까? 오랫동안 연구해온 사주명리학(운명학)을 바탕으로 운명이란 무엇인지에 대해 알아보고, 그리고 우리의 운명이 돈과 행복, 삶의 변화 등에 어떻게 작동하고 영향을 미치는지 그 원리를 파헤쳐보고자 한다.

　운명은 결정론일까? 아니면 변화론일까? 먼저 알렉산더 대왕에 얽힌 이야기부터 해보자. 흔히 알렉산더라 불리는 알렉산드로스 대왕Alexandros the Great은 마케도니아의 왕으로 그리스, 페르시아, 인도에 이르는 대제국을 건설함으로써 그리스 문화와 오리엔트 문화를 융합한 새로운 헬레니즘 문화를 이룩했다.

알렉산드로스 대왕은 당시 대학자인 아리스토텔레스를 궁으로 초빙해 그로부터 윤리학, 문학, 정치학, 자연과학, 의학 등을 배웠다. 그는 유럽, 아시아, 아프리카에 걸친 대제국을 건설하는 엄청난 업적을 이루었지만 기원전 323년 바빌론으로 돌아와 아라비아 원정을 준비하던 중 33세의 젊은 나이로 생을 마감했다.

알렉산드로스 대왕에 대한 전설은 아주 많다. 그중 하나는 그가 판단이나 미래 예측이 쉽지 않을 때면 점성술사를 찾아 상의하곤 했다는 것이다. 일례로 유럽을 정벌한 뒤 더 크게 세계를 제패하고 싶은 욕망에 사로잡힌 그는 고민 끝에 역시 점성술사를 찾았다. 그러고는 손바닥을 내밀며 자신이 세계를 제패할 수 있는지 물었다. "내가 세계를 정복하려고 하는데 가능하겠는가?" 손금을 살펴보던 점성술사는 갑자기 무릎을 꿇더니 온몸을 벌벌 떨며 아무 말도 하지 못했다.

알렉산드로스 대왕이 걱정하지 말고 솔직하게 이야기 해보라고 하자 점성술사는 긴 한숨을 쉰 후 이렇게 이야 기했다. "대왕님의 손금이 1센티미터만 더 길었다면 세계 를 제패할 수 있었으나 1센티미터가 짧아 불가능할 것 같 습니다."

그러자 알렉산드로스 대왕이 칼을 뽑아 들었다. 놀란 점성술사는 '이제 나는 죽었구나' 하며 사시나무 떨듯 떨 기 시작했다. 알렉산드로스 대왕은 칼로 자신의 손바닥을 죽 그어 손금을 1센티미터 늘렸다. 그러고는 피가 나는 손 을 내밀며 점성술사에게 물었다. "이제는 세계 제패가 가 능하겠는가?"

그제야 안도한 점성술사는 알렉산드로스 대왕을 바라 보며 또박또박 대답했다. "대왕님의 타고난 손금은 유럽 정복 정도였으나 대왕님의 굳센 의지와 개척 정신으로 세 계를 제패할 수 있겠습니다."

알렉산드로스 대왕의 이 일화는 운명은 결정론이 아니 라 얼마든지 변화가 가능하다는 것을 말해준다.

사주에 여자가 많으면 다 바람둥이일까

강연을 하면서 간혹 청중에게 '남자 사주에 여자가 많으면 어떤 직업을 가지면 좋을까요?'라는 질문을 할 때가 있는데, 돌아오는 대답이 대부분 바람둥이라거나 제비족이라는 말이다. 크게 틀린 말은 아니지만 세상에는 그보다 훨씬 더 많은 직업이 존재한다.

나의 할아버지께서 한의원과 서당을 하셔서 어릴 때부터 자연스럽게 한학을 공부했는데 그러면서 토정비결과 사주에 관한 공부도 하게 되었다. 그 여파로 대학교 때는 머리도 기르고 수염도 기르고 다니는 통에 학교에서 꽤 유명세를 타곤 했다. 그때 임상을 경험해보고 싶은 마음에 구두닦이, 술집 웨이터 등등 여러 가지 아르바이트를 하면서 다양한 사람들의 사주를 모으기 시작했다.

술집 웨이터로 아르바이트를 하면서 만났던 많은 남자들 중에 사주에 여자가 많은 남자들은 대개가 제비족들이었다. 처음에는 공부했던 사주와 딱 들어맞는 것 같아 아주 기분이 좋았다. 그런데 시간이 지날수록 안타깝다는 생각이 강하게 들었다. 자신의 의지와 상관없이 태어나는 순간 정해진 사주대로 바람둥이가 되고 제비족이 된다니, 얼마나 슬프고 안타까운 일인가. 낙심이 커서 심지어 사주 공부를 그만두고 싶다는 생각까지 했다. 어차피 결정된 운명이라면 내가 아무리 열심히 상담을 해준다 한들 사람들의 운명을 바꿔놓을 수 없으니 다 부질없고 의미 없는 일이 아닌가 하는 생각이 들었다.

그러다가 우연찮게 한 산부인과 의사 선생님을 알게 되었는데, 가만 보니 산부인과 의사 역시 사주에 여자가 많았다. 그 순간 나는 '아, 이거다!' 하고 무릎을 쳤다. 남자 사주에 똑같이 여자가 많아도 그것이 잘못 발휘되면 바람둥이가 될 수 있지만, 잘 활용하면 임산부들의 건강을 책임지고 아이를 잘 낳을 수 있도록 해주는 의사가 될 수도 있는 것이다. 이와 마찬가지로 남자 연예인들의 경우에도 사주에 여자가 많은데, 그들 또한 여성 팬들의 사랑을 한 몸에 받으며 그 사랑에 보답하기 위해 열심히 활동한다.

사주에 여자가 많은 남자들의 경우, 누구든 그 사주를 다 바꿀 수 있는 것은 아니다. 그렇다고 해서 그 사주가 무조건 나의 운명을 부정적으로 끌고 가는 단점이 되는 것도 아니다. 그 사주에도 분명한 장점이 존재한다. 그 장점을 잘 살리는 것이 운명학이고 사주명리학이다.

역마살과 도화살도 좋은 사주다

사주에 역마살驛馬煞이라는 것이 있는데 철학관이나 점집에서는 이 역마살을 매우 부정적으로 이야기한다. 왜냐하면 역마살에서의 '살煞'이 '죽일 살'자로 역마살에는 '떠돌아다니며 죽는다', 즉 '객사한다'는 의미가 담겨 있기 때문이다. 그래서 점집에 가면 흔히 '당신 아들이 역마살이 있어서 18세에 가출할 거야'라거나 '당신 남편이 객사할 거야'라고 겁을 주면서 굿을 하거나 부적을 써야 한다고 협박 아닌 협박을 하는 살 중 하나가 역마살이다.

그러면 사주에 역마살이 있는 사람은 너나없이 모두 객사하거나 떠돌아다니거나 노숙자가 되는 식의 삶을 살도록 결정되어 있는 것일까? 그렇지 않다. 사주에 역마살이 있는 사람 중에도 크게 성공하는 사람들이 많다. 외교관, 스튜어디스, 비행사, 여행 작가 등의 직업을 가지고 있는 사람들은 사주에 역마살이 있음에도 각자의 분야에서 나름의 성공을 거두고 살아가는 경우다. 예를 들어 외교관의 경우에는 사주에 역마가 엄청나게 많아서 외교관으로 일을 하는 내내 세계 곳곳을 돌아다니게 된다.

똑같이 역마살을 가지고 있다 하더라도 어떤 직업을 선택하느냐에 따라 혹은 어떤 활동을 하느냐에 따라 당연히 삶이 달라진다. 그렇기 때문에 역마살을 무조건 나쁜 것으로 취급해 굿이나 부적을 통해 풀어야 하는 것이라고 단정할 필요는 없다. 운명은 큰 틀에서는 결정되어 있지만 그 운명을 어떤 방향으로 이끄느냐에 따라 단점이 될 수도 있고, 장점이 될 수도 있다.

역마살 외에 도화살桃花煞이라는 것도 있는데, 이 또한 '살'자가 붙어 있어 매우 좋지 않은 사주로 여기며 주색잡기, 술, 이성, 도박 등에 빠져 헤어 나오지 못한다는 사주다. 그래서 살을 풀어야 한다며 굿이나 부적을 권하는 경우가 꽤 많다. 과거 시대에 태어났다면 안 좋은 사주일 가능성이 크다. 도화살은 감수성이 발달하고 예능적 끼가 많은 사주이므로 가령 조선시대에 태어났다면 그 끼를 발산하고 발휘할 기회가 극히 제한적이라 결국 광대가 되거나 기생이 되는 경우가 많았을 것이다.

하지만 오늘날과 같은 현대 사회에서 도화살은 최고의 살이라고 보아도 무방하다. 예를 들어 서태지, BTS, 블랙핑크 등과 같은 연예인들은 예술적인 끼, 즉 도화살이 아주 강하다고 볼 수 있는데, 그런 사주 덕에 세계적인 음악가, 세계적인 가수, 세계적인 스타로서 엄청난 능력을 발휘할 수 있는 것이다. 그렇듯이 도화살을 잘못 다스리면 주색잡기 등에 빠질 수 있지만 긍정적인 쪽으로 이끌면 자신의 능력을 한껏 펼침으로써 세계적인 스타나 유명 인사가 될 수 있다.

도화살이나 역마살 모두 큰 틀은 이미 결정되어 있지만 그렇다고 해서 내 운명이 어느 한쪽으로 견고하게 정해져 있는 것은 아니다. 사주에는 장단점이 동시에 있다는 것을 기억하면 자신의 삶을 만들어나가는 데에 훨씬 도움이 될 수 있다.

호의호식에 무관심한 사주

한번은 방송국에서 양복을 쫙 빼입고 서류가방을 든 남성을 데리고 나를 찾아온 적이 있다. 그러면서 내게 이 사람이 하는 사업이 아주 잘되고 있는데 더 크게 확장할 수 있는지 봐달라고 했다. 사주를 보니 이 사람은 자기 스스로 배부르고 등 따뜻한 것을 전혀 구하려 하지 않는 사람이었다. 사업가라면 당연히 배부르고 등 따뜻한 것에 관심이 아주 많아야 하는데 그의 사주는 둘 다에 관심이 없는 것으로 나타났다. 당연히 사업가로서 큰 능력을 발휘하기는 힘들어 보였다.

그런 면에서 이 사람은 절대 사업가로서 크게 성공할 수 없다고 말해주었더니, 실제로는 서울역에서 동냥을 하던 거지를 섭외해 목욕을 시키고 멀끔하게 옷을 입혀 데리고 온 것이라고 했다. 그렇다면 이 사람과 같은 사주를 가지고 있는 사람들은 모두 거지로 살아야 하는 것일까? 정말 그런 것이라면 본인이 이런 사주를 선택해 태어난 것도 아닌데 얼마나 슬프고 안타까운 일이겠는가.

백범 김구의 저서 『백범일지』에 이런 이야기가 있다. 중인中人 신분이었던 김구는 과거시험을 볼 수 있는 자격이 있었다. 과거시험을 치르러 가서 보니 90퍼센트가 양반 자제들이었고, 나머지 10퍼센트 정도가 중인 자제들이었다. 양반 자제들 중에는 중인 자제들을 상대로 꽤나 거들먹거리는 이들도 있었는데, 개중에는 지금처럼 누군가가 대리 시험을 쳐주거나 커닝을 하는 부류들도 엄청나게 많았다. 김구는 자신 같은 중인 신분으로는 과거 시험에 장원급제하기도 힘들고, 설령 장원급제를 한다 해도 양반이 되기는 어렵겠다고 판단해 시험을 포기하고 집으로 돌아왔다.

실망감에 좌절해 있는 김구에게 아버지께서 책을 사다 주셨는데 관상, 주역, 풍수, 사주에 관한 책들이었다. 그는 이 책들을 읽으며 열심히 공부했다. 관상책을 다 읽은 뒤 김구는 거울에 자신의 얼굴을 비춰보며 하나하나 관상을 맞춰보았다. 책에서 배운 대로 이목구비를 모두 대조해보니 눈도 거지요, 코도 거지요, 입도 거지였다. 과거시험을 봐도 양반이 되기 어렵고, 관상마저도 거지 관상이었다. 엄청난 좌절감에 그는 자살까지 생각했다. 살아야 할 의미가 없다고 생각한 것이다. 그런데 그 순간 관상책의 마지막 구절이 눈에 확 들어왔다.

관상불여심상觀相不如心相

관상이 아무리 뛰어난들 심상, 즉 마음의 상을 따라갈 수 없다는 뜻이다. 이 글귀를 본 김구는 큰 깨달음을 얻게 된다. 그는 정신을 바짝 차려야겠다고 다짐하고는 일본군을 한 명 해치운 뒤 상해로 넘어가 평생 독립운동에 매진하며 자신의 한몸을 기꺼이 바친다. 김구는 살아생전 한 번도 돈을 벌어본 적이 없다. 독립 자금을 받아 국가와 민족을 위해 사용했다. 김구의 사주 역시 배부른 것, 등 따뜻한 것에 관심이 없는 사람이었던 것이다.

이렇게 같은 사주를 가지고 태어났다 하더라도 누군가는 서울역을 떠돌며 살아가는 거지 신세가 되고, 누군가는 자신의 욕망을 저버린 채 국가와 민족을 위해 독립운동가로서의 삶을 살기도 한다. 목회자 같은 훌륭한 종교인 중에도 배부르고 등 따뜻한 것에는 관심이 없는 사주를 가지고 있는 분들이 많다. 역마살이나 도화살처럼 이렇게 큰 틀에서의 사주는 결정되어 있지만 그 안에는 장점과 단점이 동시에 존재하고 있다는 것을 반드시 기억해야 한다.

만인에게 공정한 사주팔자

누구를 막론하고 생년生年, 생월生月, 생일生日, 생시生時의 사주팔자四柱八字는 다 여덟 글자다. 어떤 사람은 스무 글자이고 어떤 사람은 두 글자만 있는 경우는 결코 없다. 모든 사람은 갑자, 을축, 병인, 정묘… 이런 식으로 태어난 연도에 따라 두 글자, 태어난 월에 따라 두 글자, 태어난 일에 따라 두 글자, 태어난 시에 따라 두 글자, 이렇게 모두를 더한 여덟 글자를 가지고 있다. 그렇기 때문에 누구든 사주 안에는 분명한 장점과 단점이 존재하며, 그 장점을 찾아내 발휘하고 단점은 보완하는 것이 곧 개인의 능력이다.

내가 아주 좋아하는 동화책 중에 아동문학가 권정생의 『강아지똥』이라는 책이 있다. 강아지가 울타리 밑에 아주 작은 똥을 누었다. 작은 강아지똥이다 보니 아무도 쳐다보지 않았다. 하지만 옆에 있던 소똥은 농사를 짓는 데에 쓰겠다며 걷어갔다. 그걸 지켜보며 강아지똥은 실망했다. 강아지똥이 그렇게 슬픔에 빠져 있던 어느 날 민들레 홀씨 하나가 강아지똥 위로 날아왔고, 그곳에서 민들레꽃이 피어났다.

이렇게 새끼손가락만 한 강아지똥도 민들레꽃을 피워낼 정도로 대단한 능력을 발휘하는데, 하물며 인간이라면 사주팔자에 담겨 있는 자신만의 장점을 찾아내 그것을 최대치로 끌어올리는 역량을 충분히 발휘할 수 있다.

옛날에 아주 훌륭한 의사 한 명이 있었다. 신이 내린 의사라고 해서 신의라고도 하고 명의라고도 불리는 의사였다. 그렇다 보니 그에게서 가르침을 받고자 하는 제자들이 곳곳에서 아주 많이 모여들었다. 하지만 기대와 달리 가르쳐주는 것이 별로 없자 1개월 만에 떠나는 사람, 6개월 만에 떠나는 사람들이 생겨났고, 길게 버티는 사람이 있다고 해봐야 고작 1년이었다. 그런데 한 젊은 친구만큼은 그들과 달랐다. 그는 스승 밑에서 10년을 버티며 공부했다.

그러던 어느 날 그는 스승에게 부모님도 기다리시고 하니 이제는 떠나야겠다고 말했다. 그러자 스승은 이렇게 대답했다. "주변의 산을 돌아다니며 약에 쓸 수 없는 풀 하나만 가져와라. 그러면 바로 보내주겠다." 그때부터 청년은 약이 되지 않는 풀을 구하러 온 산을 돌아다녔다. 하루가 지나고, 일주일이 지나고, 한 달이 지나도록 돌아다녀도 그런 풀은 구할 수 없었다. 그는 자신이 공부가 부족하기 때문이라고 생각해 다시 스승에게 돌아와 이렇게 이야기했다. "스승님, 제가 아직 많이 부족한가봅니다. 약이 되지 않는 풀을 절대 구할 수가 없었습니다." 그러자 스승은 "이제 됐다. 세상에는 약이 되지 않는 풀은 없다. 세상의 모든 것이 다 약이 된다는 것을 깨달았으니 너는 이제 돌아가도 된다"라고 말해주었다.

이렇게 풀포기 하나조차 약이 되지 않는 것이 없는데 하물며 사람이라면 훨씬 더 필요한 존재가 될 수 있다. 강아지똥도 쓸모가 있고, 풀 한 포기도 쓸모가 있듯이 사람역시 그보다 더 큰 쓸모가 있다는 것을 믿고 스스로에게 기대를 가질 필요가 있다.

예를 하나 들어보자. 가령 오바마 대통령, 시진핑, 손흥민, 그리고 나 자신의 사주가 있다고 했을 때 누구의 사주가 제일 좋을까? 강연 때 이렇게 질문을 하면 많은 분들이 오바마, 시진핑, 손흥민이라고 이야기한다. 하지만 오바마 만 명의 사주를 준다고 해도 자신의 목숨과 바꿀 수는 없을 것이다. 손흥민 만 명을 준다고 해도 자신의 목숨을 걸 수는 없다. 내 목숨, 내 사주팔자는 그 무엇보다 소중하기 때문에 이 세상 그 어떤 것과도 바꿀 수 없다. 그러니까 오바마 사주가 더 좋고, 손흥민 사주가 더 좋은 것이 아니라 내 사주가 이 세상에서 가장 좋다고 생각해야 한다. 어떤 세상에서든, 어떤 상황에서든 내 목숨은 그 무엇과도 바꿀 수 없듯이 사주 또한 마찬가지이기 때문이다.

사주팔자를 파헤쳐
운명을 경영하라

장점은 극대화하고 단점은 보완하라

누구의 사주팔자가 되었든 거기에는 장점도 있고 단점도 있다. 세상에 단점만 있는 사람은 아무도 없으며, 저마다 가지고 있는 장점을 찾아내 이것이 잘 발휘되고 극대화될 수 있도록 하는 것이 무엇보다 중요하다. 나만의 성격, 나만의 직업 적성, 나만의 직무 역량 등을 정확하게 파악해 그것에 맞는 방향으로 진로를 결정하면 대단한 능력을 발휘할 수 있다.

장점을 찾았으면 이번에는 단점도 찾아내 그것을 보완할 수 있어야 한다. 자신의 단점을 훌륭하게 보완한 사람 중 한 명이 바로 우리나라 사람들은 물론이고 세계의 많은 축구팬들이 좋아하는 손흥민 선수다.

손흥민 선수의 아버지 손웅정 감독이 한 방송에서 이런 이야기를 한 적이 있다. 손흥민 선수가 어렸을 때는 오른발잡이였는데 계속 왼발을 사용하도록 아버지 손웅정 감독이 훈련을 시켰다는 것이다.

계단을 올라갈 때도 반드시 왼발 먼저 올라가도록 하고, 양말을 신을 때도 왼쪽 발부터 먼저 신도록 했다. 심지어 어떤 경우에는 오른쪽 신발 안에 압정을 넣어 오른발로 축구공을 차면 압정에 찔릴 수밖에 없게 해 어쩔 수 없이 왼발을 더 많이 사용하도록 했다. 또한 연습 때도 항상 오른발 한 번 연습하면 왼발은 그에 1.5배 정도 더 연습하도록 함으로써 오른발의 장점은 잘 살리되 왼발이 가지고 있는 단점을 최대한 보완하려는 노력을 지속했다고 한다. 그런 과정들이 있었기에 지금과 같은 훌륭한 선수가 될 수 있었을 것이다.

긍정적인 사람이 운도 잡는다

운을 잡을 수 있는 또 하나의 조건은 반드시 긍정적이어야 한다는 것이다. 여러분도 주변에서 어렵지 않게 볼 수 있을 텐데, 부정적인 사람보다는 긍정적인 사람들이 훨씬 더 잘산다. 지금까지 30만 명 이상의 사람을 상담해오면서 내가 느낀 것 또한 부정적인 사람들은 그들의 삶 역시 항상 부정적이라는 것이다. 가령 내 인생은 안 풀린다거나 돈을 잘 벌고 있는데도 못 벌고 있다면서 늘 전전긍긍하는 사람들이 있다.

이런 사람들은 자신이 노력하기보다 사주팔자가 알아서 다 해주기를 바란다. 그러다 보니 여기저기 점집을 돌아다니며 굿을 하고 부적에 의지하며, 심지어 사이비 종교에 빠지기도 한다. 거기서 끝이 아니다. 굿을 하고 부적을 사고 사이비 종교에 빠져 요구하는 돈을 헌납하느라 가지고 있는 재산을 모두 탕진하는 사람들이 많다. 그러면서 삶이 점점 더 힘들어지는 경우를 아주 많이 보아왔다. 매사 긍정적으로 생각해야 운도 따르고 또 그 운을 잡을 수 있다. 예를 들어 복권도 그것을 사는 사람에게 행운이 오지, 사지도 않는 사람에게는 영원히 복권 당첨의 행운은 오지 않는다는 것을 꼭 기억해야 한다.

사주의 장점이란 곧 자신을 아는 것이다. 나 자신을 정확하게 알면 누구나 성공할 수 있으며, 자신을 알고 타인을 이해하는 사람이 운을 잡을 수 있다. 나는 4남 4녀 중 막내로 태어났다. 어머니는 농사를 지으시고 아버지는 공무원으로 근무하면서 농사일도 하셨는데, 워낙 자식이 많다 보니 보통 힘든 삶이 아니었다. 막내인 나를 낳고 키울 무렵에는 더 많이 힘드셨다고 한다. 다행히도 내 누나와 형들은 공부를 잘했지만 나는 그렇지 못했다.

한의원과 서당을 하셨지만 돈벌이가 잘 되지 않아 무능했던 할아버지를 어머니는 좋아하지 않았는데, 그 할아버지를 꼭 빼닮은 막내아들인 나도 좋아하지 않으셨다. 어머니는 나한테 장점이 없다고 생각했다. 나한테도 사람들의 고민과 어려움을 들어주고 상담해주는 것과 같은 뛰어난 능력이 있다는 것을 미처 몰랐던 것이다. 누구나 자신을 잘 알면 반드시 장점을 찾아낼 수 있다. 사람을 포함해 세상 모든 것에는 단점도 존재하지만 동시에 장점도 반드시 존재하기 때문이다.

인간은 누구나 어느 한 분야의 재능은 가지고 있다. 정원의 석축이나 제방의 돌담을 쌓는 작업을 해보면 버릴 돌이 하나도 없다는 것을 알게 된다. 큰 돌, 작은 돌, 잘생긴 돌, 못생긴 돌 모두 제각기 쓰임새가 있기 때문이다. 특히 조직의 리더라면 각 사람마다 가지고 있는 특성과 능력과 재능을 잘 파악해야 하고, 그들의 삶을 존중해 구별하되 차별하지 말아야 하며, 저마다의 특색에 맞게 적재적소에 중용할 책임이 있다.

지금 이 순간이 운발을 결정한다

세상에서 가장 소중한 '금'은 무엇일까? 첫 번째는 '소금'이다. 지구의 70퍼센트가 바다로 이루어져 있고, 바다는 소금을 다량 포함하고 있다. 소금이 없다면 인간과 지구는 생존 자체가 어렵다.

두 번째는 '황금'이다. 황금, 즉 재물은 우리 삶에 꼭 필요한 것이다. 물론 과하게 재물을 욕망하는 것은 문제가 될 수밖에 없다. 독일 속담에 '황금의 아름다움보다는 하늘에 있는 별의 아름다움을 보라'라는 말이 있다. 황금의 아름다움, 즉 돈에 연연하지 말고 별의 아름다움, 즉 꿈을 가꾸라는 의미가 아닐까 한다. 개그맨 김제동 씨가 이런 이야기를 한 적이 있다. "황금의 아름다움보다, 하늘에 있는 별의 아름다움보다, 내 발 밑에 있는 꽃의 아름다움을 봐라." 먼 곳의 아름다움을 좇기보다 바로 내 발밑, 즉 나와 내 가까이에 연을 맺고 있는 것들의 아름다움을 보라는 것이다.

심리학자들이 가장 많이 연구하는 분야 중 하나가 '행복'에 관해서다. 대부분의 심리학자들은 행복이란 좋은 사람과의 관계 맺기라고 이야기한다. 그런 만큼 행복한 삶을 위해 우리가 반드시 노력해야 하는 부분이 사람에 대한 긍정적인 관심이다.

세상에서 가장 소중한 세 번째 '금'은 바로 '지금'이다. 많은 분들이 나를 찾아와 묻는 것 중 압도적인 질문이 '언제쯤 큰돈을 벌까요?'이다. '내년에는 큰돈을 좀 벌까요?', '5년 뒤에는 부자가 되어 있을까요?' 하는 식의 질문은 엄청나게 많이 하지만 지금 어떻게 살아야 잘사는 것인지를 묻는 경우는 거의 없다. 나는 누구이고 나의 장점은 무엇인지, 그래서 내가 지금 어떻게 살면 미래가 희망적이고 긍정적으로 나가올 수 있는지에 대해 질문하는 사람은 없고, 지금 힘들게 노력하지 않고도 큰돈을 벌 수 있는 방법이나 성공하는 비법을 알려달라는 사람들만 많다.

하지만 지금 이 순간을 충실하게 살아내지 않고서 거저 얻어지는 것은 없다. 운도 당연하다. 큰돈을 벌고 싶고 성공하고 싶다면 지금 열심히 최선을 다해야 한다. 그런 하루하루가 쌓여 1년 뒤, 5년 뒤, 10년 뒤가 되면 큰돈도 벌고 성공의 기쁨도 누릴 수 있다. 그리고 여기서 '열심히' 산다는 것은 그냥 무조건 하루하루 열심히 사는 것이 아니라 자기 자신의 장점과 단점을 분석해 단점은 보완하고 장점을 극대화하며 긍정적으로 살아가는 것을 말한다. 이것이 진정으로 충실하게 사는 것이다.

이병헌 주연의 〈번지점프를 하다〉라는 영화를 기억하

는 분들이 많을 것이다. 이 영화 속에 이런 이야기가 등장한다. 우리가 사람과의 관계에서 중요하게 여기는 인연은, 지구에 바늘 하나를 세워놓았는데 우주에서 던진 밀알이 그 바늘 위로 떨어지는 것과 같은 확률만큼이나 대단하고 소중하다는 것이다. 지금 내 주변에 있는 사람들을 한번 돌아보라. 그들과 내가 지금 동시대에 같은 나라, 같은 지역, 같은 공간에 함께 있다는 것만으로도 이것은 엄청난 인연이다.

행복의 가장 우선 조건이 좋은 사람과의 관계 맺기라면 지금 내 곁에 있는 사람들, 지금 내가 만나고 있는 사람들과의 인연을 긍정적으로, 그리고 소중하게 만들어나가야 한다. 그리고 그런 인연들이 곧 내게 돈과 성공을 가져다주는 최고의 무기다. 러시아 대문호 톨스토이는 평생 동안 세 가지 질문을 가슴에 품고 살았다고 한다.

가장 소중한 사람은 누구인가?

가장 중요한 일은 무엇인가?

가장 값진 시간은 언제인가?

톨스토이는 이 질문에 대한 답으로 가장 소중한 사람은 바로 지금 나 자신과 함께 있는 사람이고, 가장 중요한 일은 지금 나 자신이 하고 있는 일이며, 가장 값진 시간은 바로 지금 이 순간이라고 말한다.

인간관계는 작은 인연에서부터 시작된다

사람의 성격이나 인간관계를 과일에 비유할 수 있다. 여러 가지 과일들 중에 수박을 좋아하는 사람도 있고, 포도를 좋아하는 사람도 있고, 사과를 좋아하는 사람도 있다. 또 복숭아를 싫어하는 사람도 있고, 귤을 싫어하는 사람도 있다. 그런데 내가 복숭아를 싫어한다고 해서 그 복숭아가 나쁜 과일은 아니다. 과일은 그냥 다 과일일 뿐이다. 그럼에도 내가 싫어하는 과일은 나쁜 과일이라고 생각해버리는 사람들이 있다.

사람의 성격도 똑같다. 이런 성격이 있는가 하면 저런 성격이 있듯 각자 다르게 생긴 얼굴만큼이나 성격도 제각각이다. 요즘 16가지로 이루어진 자기보고식 성격유형지표인 MBTI에 사람들이 엄청난 관심을 갖는 것도 이런 이유에서다. 상대방을 좀 더 잘 이해하려는 심리에서 비롯된 현상일 것이다. 또한 나의 성격을 상대방에게 간단하게 설명할 수 있는 도구로 활용되기도 하는데, 이 모든 바탕에는 긍정적인 인간관계를 기대하는 강한 바람이 깔려 있다. 과일마다 그 맛이 다르듯이 사람도 저마다의 사주가 다르다는 것을 이해하면 긍정적이고 우호적인 인간관계를 형성하는 데에 많은 도움이 될 수 있다.

나는 대학교 때부터 부모님으로부터 독립해 아르바이트를 하며 살았다. 처음에는 임상을 위해 집을 나왔는데, 나와서 살다 보니 혼자 사는 것이 익숙해져 등록금부터 생활비, 용돈 등등 모든 것을 나 스스로 책임졌다. 그러다 보니 경제적으로 늘 힘들었고, 그로 인해 생활고에 늘 시달렸다. 어려운 생활이 오래되면서 부정적인 생각을 한 적도 있었다.

이곳저곳을 떠돌다가 작은 간이역에서 하룻밤을 보내며 이것이 내 생의 마지막 밤이라고 생각했다. 자살을 결심했던 것이다. 간이역 의자에 쪼그리고 누워 있는데 새벽 녘이 되었을 무렵 누군가 내 주머니를 뒤지는 것이 느껴졌다. 어차피 죽기로 결심한 마당에 누가 내 주머니를 뒤진다 한들 그것이 무슨 대수로운 일이겠느냐고 생각했다. 관심을 두지 않고 있다가 얼마 뒤 일어나 주머니에 손을 넣어보니 지폐 세 장이 들어 있는 것이 아닌가. 그 순간 세상에는 나쁜 사람만 있는 것이 아니라는 것을 깨달았다. 따뜻한 마음을 가진 사람들이 여전히 우리 곁에 존재하고 있었던 것이다.

나는 이름도 모르고, 얼굴도 모르는 그분의 따뜻한 선의에 감동해 죽기로 결심했던 마음을 고쳐먹었다. 내가 가지고 있는 능력으로 많은 사람들에게 희망을 주고, 힘과 위로를 주어 잘살 수 있게 하는 것이 곧 그분을 향한 나의 감사의 마음을 전하는 길이라고 생각했다. 내가 죽음을 결심하고 마지막 밤을 보내던 그 순간 한 귀인의 손길로 다시 삶의 희망을 품었던 것처럼, 이 세상에 존재하는 모든 사람의 사주에는 행복과 희망의 작은 불씨가 함께 담겨 있다.

나눌수록 커지는 행복

노블레스 오블리주_{noblesse oblige}를 실천하는 삶을 산 대표적인 예로 경주 최부잣집을 꼽을 수 있다. 이 집안은 200년 이상 부자로 살아왔는데, 그렇게 오랫동안 부자로 살 수 있었던 데에는 이유가 있다. 전쟁이 일어나거나 민란이 일어나도 이 집안은 공격을 받지 않았다. 대대로 후손에게 전해 내려오는 이 집안만의 철학이 있었는데 모두 그 덕분이었다.

첫 번째 철학은 '과거는 보되 진사 이상 벼슬을 하지 말라'는 것이었다. 돈, 벼슬 두 가지를 다 가지려는 것은 욕심이며, 돈은 이미 충분하니 벼슬까지 탐내서는 안 된다는 뜻이다.

두 번째 철학은 '재산을 1만 석 이상 모으지 말라'는 것이었다. 꼭 필요한 3,000석 정도만 쓰도록 했는데, 그마저도 1,000석 정도는 집안에서 사용하고, 다음 1,000석은 손님들에게 쓰도록 하고, 나머지 1,000석은 주변 이웃들에게 나눠주도록 했다.

세 번째 철학은 '흉년에는 재산을 늘리지 말라'는 것이었다. 모두가 어려운 때에 남의 피눈물 같은 땅을 사들여 부자가 되려는 짓을 해서는 안 된다는 가르침이었다.

네 번째 철학은 '사방 100리(40킬로미터) 안에 굶어 죽는 사람이 없게 하라'는 것이었고, 다섯 번째 철학은 '며느리들은 시집온 지 3년 동안은 무명옷을 입게 하라'는 것이었으며, 마지막 여섯 번째 철학은 '나그네를 후하게 대접하라'는 것이었다.

이렇게 경주 최부잣집만의 철학에는 자신들은 몸소 근검을 실천하며 살되 남을 위해서는 아낌없이 베푸는 삶을 살라는 가르침이 담겨 있다. 이들은 후에 독립운동에 모든 재산을 기증하는 대단한 공로를 남기기도 했다. 한 집안이 그렇게 오랜 세월 부자로 살 수 있었던 배경에는 이런 철학이 깔려 있었고, 또 그 철학을 몸소 실천하며 살았기에 가능한 일이었을 것이다.

베푸는 행위는 받는 사람만이 행복한 것이 아니라 주는 사람도 행복하게 만든다. 만약에 경주 최부잣집 사람들이 욕심이 차고 넘쳐 흉년에도 재산을 늘리고, 벼슬을

탐하며, 이웃에게도 절대 베풀지 않고 살았다면 아마 민란이나 전쟁 시에 가장 먼저 침탈당했을 가능성이 크다. 나의 베푸는 행위가 언젠가 반드시 나에게 좋은 결과로 나타난다는 것을 명심하자.

베푸는 삶이 가져다주는 존재의 이유

프랑스 국민들이 존경하는 인물 중 일곱 번이나 1위를 차지한 피에르 신부 Abbé Pierre 는 가톨릭 사제 신분으로 레지스탕스와 국회의원이 되고, 빈민구호 공동체인 '엠마우스 공동체'를 설립해 평생 빈민 운동에 힘쓴 인물이다. 그의 책 『단순한 기쁨』에는 그의 이런 경험담이 담겨 있다.

한 청년이 자살 직전에 피에르 신부를 찾아왔다. 그는 자신이 자살할 수밖에 없는 이유를 설명하기 시작했다. 가정적인 문제, 경제적인 고통, 사회적 낙오 등 모든 상황이 죽음을 택할 수밖에 없다고 말했다. 피에르 신부는 이 청년의 이야기를 다 듣고 난 뒤 깊은 공감과 동정을 표하며 이렇게 말했다. "충분히 자살할 만한 이유가 있군요. 이 정도의 상황과 환경이면 그 누구도 살 수가 없겠네요. 자살하세요. 그런데 죽기 전에 나를 한번 도와주시고 나서 죽으면 안 되겠습니까?"

그러자 청년은 "어차피 죽을 건데 죽기 전에 신부님이 필요하시다면 적극적으로 신부님을 돕도록 하겠습니다"라며 피에르 신부의 요청을 수락했다. 피에르 신부가 주로 하는 일은 집 없는 사람을 위해 집을 지어주고, 불쌍한 사람들을 위해 먹을 것을 주고, 아픈 사람들을 돌보는 등의 여러 가지 일들이었다. 청년은 신부 곁에서 그가 하는 이런 일들을 열심히 도왔다.

얼마가 지난 뒤 청년은 피에르 신부에게 자신의 마음을 이야기했다. "신부님 이제는 자살할 생각이 전혀 없습니다. 신부님께서 제게 돈을 주셨거나 살 수 있는 집을 주셨다면 아마 저는 자살을 선택했을 것 같습니다. 돈은 며칠 지나지 않아 다 썼을 것이고, 집이 있다고 해도 저는 어차피 이 세상에서 쓸모없는 인간이라는 생각만 가득했으니까요. 그런데 신부님은 제게 아무것도 주지 않으셨습니다. 아니 오히려 제게 도움을 요청하셨습니다. 제가 신부님을 위해 할 수 있는 일이 있다니, 제가 누군가를 도와줄 수 있다니, 신부님과 같이 일하고 섬기면서 제가 살아야 할 이유를 찾았고, 이제 어떻게 하는 것이 진정한 행복인지 알게 되었습니다."

가정적인 문제, 경제적인 고통, 사회적 낙오 등으로 죽음을 선택하려던 한 청년이 누군가를 돕는 행위를 통해 진정한 삶의 의미를 깨닫게 된 것이다. 행복은 끝없이 욕망을 추구하고 그것을 채우려는 데에 있지 않고, 지금 내가 처한 상황에서 최선을 다하는 가운데 마주할 수 있는 것이다. 누군가를 도울 수 있는 건강한 몸과 정신을 가지고 있다면 여러분은 지금 누구보다 큰 부자이며, 행복한 사람이다.

달란트는
누구에게나 있다

나는 어떤 기질일까

나의 장점을 극대화하고 단점을 보완하려면 먼저 나의 사주를 알아야 할 텐데, 요즘에는 온라인상에서 쉽게 사주를 알아볼 수 있다. 인터넷 검색창에 '만세력'을 입력하면 무료부터 유료까지 다양하게 뜬다. 무료 만세력에 자신의 이름, 생년월일, 태어난 시간을 입력하면 프로그램이 나의 사주를 뽑아준다.

그렇게 해서 나의 사주가 나오면 거기에 오행(五行, 우주 만물을 이루는 다섯 가지 원소), 즉 목木이 몇 개, 화火가 몇 개, 토土가 몇 개, 금金이 몇 개, 수水가 몇 개인지 확인할 수 있으며, 이를 토대로 내가 어떤 기질인지를 알 수 있다. 물론 조금 어려울 수도 있고, 정확도가 완전하지는 않지만 일단 그중에서 가장 많은 것을 찾으면 어느 정도 나의 기질을 가늠할 수 있다. 다음은 개인의 기질과 대인관계 기질을 구분해놓은 표다.

▶ 개인 기질과 대인관계 기질의 구분

개인 기질	대인관계 기질
배려형(목) 이타심	자기우월형(비겁)
열정형(화) 창조성	타인코칭형(식상)
평화형(토) 관계성	낙천긍정형(재성)
완벽형(금) 절약정신	선두주도형(관성)
생각형(수) 창의성	겸손의존형(인성)

먼저 오행의 개인 기질을 보면 사주에 '목'이 가장 많은 경우는 배려형에 해당하며 이타심이 강하고 자유로운 것을 추구한다. '화'가 가장 많은 사주는 열정적이고 창조적

이어서 무언가를 적극적으로 추진하는 성향이 강해 즉각적으로 일을 벌이는 것을 좋아한다. '토'가 가장 많은 사주는 평화형에 해당하고 관계성이 강해 인간관계가 틀어지는 것을 아주 싫어한다. '금'이 많은 사주는 완벽주의적인 기질이 있고 절약정신이 강하다. '수'가 많은 사주는 생각이 많고 신중하며 그러면서도 창의성이 강하다. 쉽게 말해 아이디어가 많다는 이야기다. 다만 실천력이 좀 떨어지는 단점이 있다고 볼 수 있다.

그다음 대인관계 기질은 오행의 기질보다는 조금 어려워서 전문적인 지식을 가지고 있는 사람이 볼 수 있는데, 만세력에 나타나 있는 것을 토대로 간략하게 한번 살펴보자.

대인관계 기질에서 '비겁'이 많은 사주는 '자기우월형'에 해당한다. 한마디로 자기 자신을 드러내고 싶어 하는 경향이 강하다는 뜻이다. 연예인들 중에 이런 사주가 흔하다. 박수와 환호를 좋아해서 남들이 나에게 박수를 쳐주고 환호하면 더 열심히 노력해서 더 많은 박수를 받고자 한다.

대인관계 기질에서 '식상'이 많은 사주는 '타인코칭형'에 해당한다. 다른 사람들을 교육시키고 싶어 하고 성장시키고 싶어 하고 도와주고 싶어 하는 기질이 강하다.

대인관계 기질에서 '재성'이 많은 사주는 '낙천긍정형'에 해당한다. 낙천적이며 긍정적인 이런 기질은 연예인이나 운동선수들에게서 많이 나타난다. 운동선수 출신으로 지금은 방송인으로 활약하고 있는 안정환 씨나 김동현 씨가 대표적인 경우다.

대인관계 기질에서 '관성'이 많은 사주는 '선두주도형'에 해당한다. 매사 앞장서기를 좋아하는 사람들이다. 2인자, 3인자, 4인자가 아니라 1인자가 되어 앞장서서 끌고 나가는 사람, 즉 리더로서의 기질이 강한 사람이라고 볼 수 있다.

대인관계 기질에서 '인성'이 많은 사주는 '겸손의존형'에 해당한다. 기본적으로 겸손하고 착하지만 약간의 의존적 성향이 있고, 배짱이나 추진력은 조금 부족하지만 인덕은 아주 많다고 볼 수 있다.

이렇게 오행의 개인 기질과 육친(六親, 음양을 구분하지 않고 십성을 다섯 개로 정한 것)의 비겁, 식상, 재성, 관성, 인성의 대인관계 기질을 잘 분석하면 오행 정도는 쉽게 알아볼 수 있다.

에니어그램과 달란트

에니어그램의 아홉 가지 유형과 사주명리학의 사주팔자를 한번 살펴보자.

에니어그램Enneagram은 인간의 성격과 행동 유형을 크게 아홉 가지 유형으로 분류한 이론이다. 원래는 아프가니스탄의 관상학에서 시작되었다. 선교를 하러 갔던 목회자들이 그곳에서 사람의 관상을 통해 성격이나 기질 등을 파악하는 것을 보게 되었고, 개개인이 가지고 있는 그런 재능을 하나님이 주신 9가지 달란트(talent, 유대인들의 화폐 단위를 이르는 말이었으나 지금은 각자의 타고난 재능과 소명을 뜻하는 말로 많이 사용한다)라고 여겨 활용하기 시작했다. 지금은 교회나 성당에서 목회 상담으로 활용하기도 하

▶ 에니어그램 9가지 유형

에니어그램 유형	성격	사주 개인 기질과 대인관계 기질 유형	성격
1번 유형	개혁가	금金	개혁가, 완벽가, 원칙가
2번 유형	봉사가	목木	봉사가, 배려가, 인정가
3번 유형	성취가	양팔통, 목木관성, 목화다木火多	성장가, 성취가, 명예가
4번 유형	예술가	화다火多, 목화다木火多, 재다多	표현가, 예술가, 감정가
5번 유형	사색가	수다水多, 음팔통	신중가, 사색가, 정보수집가
6번 유형	충성가	수다水多, 음팔통, 인다多	안정가, 안전가, 충성가
7번 유형	낙천가	재다多, 화다火多	낙천가, 쾌락가, 계산가
8번 유형	지도자	관다多, 양팔통, 괴백양	지도자, 명예가, 지배자
9번 유형	평화가	토다土多, 화토다火土多	평화가, 관계가, 소통가

고, 심리 상담에서도 많이 사용한다.

　에니어그램은 크게 장형과 머리형, 가슴형으로 나눌 수 있다. 도표에 표시된 1번, 8번, 9번 유형은 장형에 해당하며, 2번, 3번, 4번 유형은 가슴형, 5번, 6번, 7번 유형은 머리형에 해당한다. 여기서 깊이 있게 알아보기는 어려우니 간략하게 설명해보도록 하겠다.

먼저 1번 유형은 개혁가, 2번 유형은 봉사가, 3번 유형은 성취가, 4번 유형은 예술가, 5번 유형은 사색가에 해당한다. 1번 유형 같은 경우는 사주에 '금'이 많이 나오는데 사주에 금이 많은 사람들은 거의가 1번 유형이라고 할 수 있다. 5번 유형은 오행의 '수'에 해당하는 생각과 아이디어가 많은 기질이다.

6번 유형은 충성가, 7번 유형은 낙천가에 해당한다. '재성'이 많은 낙천긍정형의 사람들이 에니어그램을 검색하면 대개가 7번 유형이 나온다. 8번 유형은 지도자에 해당하는데 위에서 육친으로 대인관계 기질을 보았을 때도 선두주도형에 해당한다는 것을 확인했다. 이들은 에니어그램을 검색하면 대부분 8번 유형에 해당한다.

9번 유형은 평화가에 해당한다. 오행 중 '토'에 해당하는 이 사주는 평화지향적이고 관계지향적이며, 에니어그램을 검색하면 역시나 9번 유형이 많다. 신기하게도 사주명리학의 유형별 특징이 에니어그램의 유형별 특징과 매우 닮아 있는데, 이런 공통점을 통해 사주명리학에도 엄연한 통계성과 규칙이 존재한다는 것을 알 수 있다.

나에게 맞는 직업은 뭘까

동양에는 음양오행陰陽五行이 있는데, 낮은 양에 해당하고 밤은 음에 해당한다. 그렇다고 해서 낮이 무조건 양인가 하면 꼭 그렇지만도 않다. 낮에 태양이 뜨면 양이지만 먹구름이 끼면 음에 해당한다. 밤도 무조건 음이지는 않아서 칠흑같이 어두운 밤은 음이지만 보름달이 뜬 밤은 양에 해당한다. 음양은 이렇게 항상 살아 움직이므로 절대적으로 음 속에는 음만 있고 양 속에는 양만 있는 것이 아니라, 음 속에도 양이 있고 양 속에도 음이 있다.

심리학자 칼 융Carl Gustav Jung은 주역에 관심이 아주 많았는데 그는 주역을 공부하면서 음양 속에서 아주 신기한 것을 발견했다. 남성한테도 여성 성향이 있고, 여성한테도 남성 성향이 있다는 것이었다. 그래서 여성 중에 화병이 많이 쌓이는 사람들, 조증이 있는 사람들에게 바깥 활동을 시켰더니 조증이나 화병이 사라졌다. 칼 융은 이런 동양의 음양을 토대로 아니마anima, 아니무스animus라는 용어를 고안해냈다. 아니마는 남성의 무의식의 한 부분을 구성하고 있는 여성적 심상이며, 아니무스는 여성의 무의식의 한 부분을 구성하고 있는 남성적 심상을 말한다.

동양에는 신살神殺이라는 것도 있는데, 신살은 신神과 살殺의 합성어로 신은 좋은 일이 벌어지는 것을 말하고, 살은 무엇을 저격하는 것을 말한다. 다시 말해 사주에서 길의 작용을 하는 길신과 흉의 작용을 하는 흉신을 말한다. 예전에는 당사주라고 불렀으며, 우리 선조들이 즐겨보던 운명 판단법이다. 오늘날 사주 판독에도 참고가 된다. 신살의 균형 관계를 정리하면 다음과 같다.

도화살: 자子, 오午, 묘卯, 유酉

역마살: 인寅, 신申, 사巳, 해亥

명예살: 진辰, 술戌, 축丑, 미未

천문성: 묘卯, 술戌, 해亥, 미未

자(쥐), 오(말), 묘(토끼), 유(닭)는 도화살에 해당하는데 도화가 세 개 이상 있으면 그것의 기질을 제대로 발휘할 수 있는 연예, 예술, 방송 분야의 일을 하면 좋다. 인(호랑이), 신(원숭이), 사(뱀), 해(돼지)는 역마살에 해당하며 역마가 세 개 이상 있으면 활동적인 직업을 선택하는 것이 좋다. 진(용), 술(개), 축(소), 미(양)는 명예살에 해당하며, 명예가 강하면 독립적인 나만의 일을 하는 것이 좋다. 묘(토끼), 술(개), 해(돼지), 미(양)가 많으면 천문성에 해당하며, 천문이 강한 사람들은 사람의 생명을 다루는 직업을 가지면 좋다.

다이버전트의 다섯 분파와 오행의 리더십 분석

영화 〈다이버전트〉는 2014년에 개봉한 SF 액션 영화다. 아마 보신 분들도 많을 것이다. 뒤에 제시한 표를 통해서도 알 수 있을 텐데 신기하게도 영화 〈다이버전트〉의 다섯 가지 분파와 동양의 오행은 그 유사성이 매우 짙다. 이 둘이 공통적으로 가지고 있는 리더십을 분석해보고 이를 나의 사주와 비교해보는 또 다른 재미를 가질 수 있다.

베로니카 로스Veronica Roth의 소설 『다이버전트』 시리즈를 원작으로 한 이 영화는 2015년에 〈인서전트〉, 2016년에 〈얼리전트〉 시리즈를 개봉했다. 150년 후 각종 전쟁과 재해로 인해 황폐해진 미래 지구에서 살아남은 사람들의 이야기가 펼쳐진다. 그들은 자신들의 생존을 위해 시카고를 둘러싼 벽 안에서 생활하며, 사회 유지를 위해 모든 사람들을 다섯 개의 분파로 분류하고 관리한다. 모든 구성원들이 16세가 되면 테스트를 통해 자신의 분파를 선택할 수 있으나 한 번 결정하면 평생 동안 다른 분파로 바꿀 수 없다. 이렇게 체계적으로 사람들을 관리하는 이유는 분파에 복종함으로써 개인의 의지를 사전에 차단해버리기 위해서다.

다섯 개의 분파는 각 분파에 따라 성격, 직업 적성, 생활방식, 규범, 추구 목표 등의 행동 양식이 일률적으로 정해진다. 그러나 어느 분파에도 적응할 수 없는 이단아적인 다이버전트 중 완전한 다이버전트가 세상에 나온다. 정부는 감각 통제 시스템으로 제어할 수 없는 이런 다이버전트를 위협적으로 여겨 수단과 방법을 가리지 않고 그들을 경계하고 통제한다.

▶ 에브니게이션과 오행 목의 비교

	에브니게이션	오행 중 목木
주요 가치	이타심	이타심, 배려, 인정, 자유
직업 적성	정치, 행정	행정, 정치, 교육, 상담
색깔	회색	청색 계통
상징물	나무토막	나무

이 영화를 보면서 다섯 개로 분파된 종족이 신기하게도 오행과 똑같다는 점에 놀라지 않을 수 없었다. 어쩌면 원작 소설의 저자가 오행을 공부하지 않았을까 하는 생각마저 들 정도였다.

첫 번째 분파인 에브니게이션abnegation 종족은 자제, 거부, 자기부정 등으로 자신을 희생하며 이타적인 행동을 하는 성향의 사람들이다. 주로 이웃에 헌신하는 삶을 추구하고 정치, 행정 분야에 종사한다. 사주명리학의 오행 중 목木과 유사한데 에브니게이션의 별명이 나무토막인 것 또한 원작 소설의 저자가 오행에 대한 풍부한 지식을 가지고 있지 않았을까 추측하게 된다. 에브니게이션은 주인공 트리스가 다이버전트 판정을 받기 전 속해 있던 분파로

▶ 돈트리스와 오행 화의 비교

	돈트리스	오행 중 화火
주요 가치	용기	용기, 열정, 모험, 표현
직업 적성	군인	군인, 경찰, 운동선수
색깔	검정색	적색 계통
상징물	불타는 연탄	불

소외된 사람들을 돕고 욕심을 부리지 않으며 사회질서를 원활히 유지하는 역할을 한다. 검소하고 소박하며 회색 옷과 꾸미지 않은 머리 모양을 하고 다니기 때문에 다른 분파들로부터 나무토막이라고 불린다.

두 번째 분파인 돈트리스dauntless 종족은 용감하고 대담하며 겁이 없는 불굴의 성향을 가지고 있다. 이들은 수호자로 군인, 경찰 등 치안 분야에 종사하는데 별명은 불타는 연탄이다. 사주명리학의 오행 중 화火의 성향과 매우 유사하다. 포가 속한 곳이며, 트리스가 다이버전트라는 사실을 숨기고 택한 분파다. 이들은 끊임없이 훈련을 통해 사회 구성원의 안전을 지키는 역할을 한다. 온통 검은색 의상에 문신과 피어싱으로 개성 있게 치장한 이들은 어딜

▶ 애머티와 오행 토의 비교

	애머티	오행 중 토土
주요 가치	평화	평화, 포용, 관계, 소통
직업 적성	농업, 생산	농업, 건축, 땅, 부동산, 중개
색깔	황금색, 오렌지색	황색 계통
상징물	흙	흙

가나 자신감 넘치고 소란스러운 타입이다.

세 번째 분파인 애머티amity 종족은 다정하고 친절하며 화목과 친선을 중시하고 우호적인 사람들이다. 그래서 이들의 주요 가치는 평화다. 이 분파는 땅을 경작하는 농업에 종사하는데 사주명리학의 오행 중 토土와 매우 유사하며, 이들의 상징물 또한 흙이다.

▶ 캔더와 오행 금의 비교

	캔더	오행 중 금金
주요 가치	공평무사, 정직, 질서	공평, 공정, 계획, 완벽
직업 적성	사법	사법, 군인, 경찰, 기계공학
색깔	흰색	백색 계통
상징물	유리, 천칭(저울)	금속, 저울

▶ 에러다이트와 오행 수의 비교

	에러다이트	오행 중 수水
주요 가치	명석함, 논리적, 학구적, 지식	정보 수집, 지식 추구, 논리, 생각
직업 적성	학술, 연구	연구, 수학, 창작, 문학, 학술
색깔	파란색	흑색 계통
상징물	물, 악당	물

네 번째 분파인 캔더candor 종족은 정직하고 공평무사하며 솔직하고 질서를 추구하는 순백한 성향의 사람들이다. 이들은 사법계에 종사하며 옳고 그름을 가려준다. 상징물도 유리, 천칭, 저울이다. 저울은 모든 것을 정확하게 다루는 것을 뜻하는데 사주명리학의 오행 중 금金 역시 빈틈이 없는 것을 선호한다.

다섯 번째 분파인 에러다이트erudite 종족은 정보가 많고 학식이 있으며 박식하고 명석해 논리적이고 지식을 추구하는 사람들이다. 직업은 학술 연구 분야에 종사하고, 야망이 크며 매우 이성적이다. 사주명리학의 오행 중 수水와 거의 비슷하다. 상징물 역시 똑같이 물이다.

나만의 황금 씨앗을 찾아라

현대 경영학의 아버지라 불리는 피터 드러커Peter Ferdinand Drucker는 세계 최고 경영사상가 찰스 핸디Charles Handy를 이렇게 표현했다. "찰스 핸디는 천재적 통찰력으로 학문적 개념을 현실에 대입해 구현한 사람이다."

찰스 핸디는 자기만의 재능이나 적성을 뜻하는 '황금 씨앗'이 누구에게나 있으며 이를 발견하려 노력해야 한다고 말했다. 일반적으로 어떤 직업이, 그리고 어떤 직장이 나와 잘 맞는지는 쉽게 알 수 없다. 초중고 시절부터 직업 적성이나 재능을 우선시하기보다 공부 순서대로 직업이 정해지다 보니 더더욱 자신의 재능을 알기 어렵다. 찰스 핸디가 말한 황금 씨앗은커녕 일반 씨앗도 구별하기조차 힘들다. 자신의 직업 적성, 직무 역량의 재능인 황금 씨앗을 구별해내야 거기에 물을 주고 햇빛을 쐬어주어 훌륭한 싹을 틔워낼 수 있다.

주역에 '석과불식碩果不食'이라는 글귀가 있다. '큰 과일, 즉 씨앗 과일은 먹지 않는다'라는 뜻이다. 농민들은 농사를 지어 수확을 하고 나면 가장 크고 좋은 것은 다음 해에 쓸 농사 씨앗으로 잘 보관하고, 적당히 크고 좋은 것은 시장에 내다 팔며, 좋지 않은 것은 자신들이 먹었다. 주역에서 말하는 석과불식은 찰스 핸디가 말하는 황금 씨앗과 비슷하다. 찰스 핸디는 "50세 이후의 일자리는 30에 일군 것이고, 현대에는 '포트폴리오 라이프'가 최상의 대안이 될 것이다"라고 말했다.

사주명리학에는 황금 씨앗을 구별해내는 다양한 방법이 있다. 신살, 음양, 오행, 천간, 지지, 육친, 격국, 용신, 대운 등으로 자신이 가지고 태어난 직업 적성, 직무 역량 재능 등의 황금 씨앗을 분석할 수 있다.

미국 하버드대학교의 마크 알비온Mark Albion 교수는 20년에 걸쳐 야심 찬 프로젝트를 진행했다. MBA 졸업생 1,500명을 대상으로 두 그룹으로 나누었다. 먼저 A그룹은 돈을 열심히 벌어 경제적 걱정을 해결한 뒤 자신의 적성에 맞는 하고 싶은 일을 하겠다는 사람들의 그룹이었다. B그룹은 처음부터 자신의 적성에 맞고 관심 있는 일을 즐겁게 하다 보면 돈은 자연스럽게 따라올 것이라고 판단한 사람들의 그룹이었다. A그룹을 선택한 MBA 졸업생은 1,245명으로 83퍼센트였고, B그룹을 선택한 사람은 255명인 17퍼센트였다.

마크 알비온 교수는 이들을 추적 조사해 20년 뒤 어떤 그룹에 속한 사람들이 더 큰 성공을 거두었는지를 확인했다. MBA 졸업생 1,500명 중 101명의 억만장자가 나왔는데, 그들 중 A 그룹에서는 단 한 명의 억만장자가 나왔고, B그룹에서는 100명의 억만장자가 나왔다고 한다.

결국 내가 무엇을 잘하고 무엇을 좋아하는지, 그리고 무엇을 할 때 즐거운지를 구체적으로 알면 자신만의 황금 씨앗을 빨리, 그리고 정확하게 찾아낼 수 있다. 그 황금 씨앗에 물을 주고 햇빛을 쐬어주는 노력을 기울이면 나만의 튼실한 행복 열매를 수확할 수 있다.

시대를 앞선
리더들의 운 활용법

세종대왕도 사주를 봤다

조선시대에는 사주를 어떻게 활용했을까? 조선시대에도
지금으로 치면 국가공무원에 해당하는 관직 중에 관상감
이 있었다. 태조 때 설치해 서운관이라 명하다가 세조 때
관상감으로 개칭했다. 관상감은 천문天文, 지리地理, 역수曆
數, 점산占算, 측후測候 등에 관한 일을 담당하기 위해 설치
했던 관저官署다.

　관상감은 주로 천문, 지리, 명과命課를 관장했는데 천문

은 천문학과 점성술, 지리는 강과 하천의 풍수지리를 가리키며, 명과는 길흉을 점치는 행위를 말한다. 높은 벼슬까지 올라가면 종3품이나 정3품까지도 가능할 만큼 인정받는 관직이었다. 운명과 기상을 동시에 관장했으니 지금에 비유하자면 운명학과 기상청이 합쳐진 하이브리드 분야라고 볼 수 있다.

당시 시각장애인들이 관상감으로 많이 등용되었는데, 태종 때 국가에서 장애인들을 위해 특별히 명통사라는 교육기관을 만들어 이곳에서 점복 교육을 실시했다. 사주명리학과 풍수 등의 교육을 시킨 뒤 시험을 볼 수 없으니 특별 채용을 통해 일을 할 수 있게 했다.

특히 세종은 장애인들의 자립을 중요하게 여겨 점괘를 치는 점복사, 경문을 읽어주고 가정의 재앙을 물리쳐주는 독경사, 악기를 연주하는 악공 등 장애인을 위한 일자리를 다양하게 만들었다. 세종은 신하들의 반대에도 불구하고 명통사의 시각장애인이었던 지화池和라는 인물에게 종3품의 벼슬을 주었다.『조선왕조실록』에 보면 다음과 같은 구절이 있다.

임금이 대제학 변계량卜季良을 불러 명命하기를 "유순도庾順度와 더불어 세자世子의 배필을 점쳐 알려라"라고 했다. 변계량이 약간 사주四柱의 운명을 볼 줄 알았고 유순도는 비록 유학에 종사하는 자이나 순전히 음양술수陰陽術數와 의술醫術로 진출한 자였다.

잘 상상이 되진 않겠지만 세종 역시 큰일을 앞두고는 주역점도 보고 사주도 보았다고 한다.

한번은 세종이 어떤 일을 점치기 위해 종3품 벼슬까지 내려준 지화에게 사람을 보냈다. 하지만 지화는 집에 없었다. 동네를 찾아다닌 끝에 지화를 만났는데 그는 술에 취해 횡설수설하며 교만한 말투로 "오늘은 술에 취해 점을 칠 수가 없다"고 했다. 세종에게 이 사실을 있는 그대로 전하자 세종은 크게 화를 내며 그를 잡아다 문초한 뒤 귀양까지 보냈다고 한다. 그렇다고 해서 세종이 과할 정도로 사주에 심취해 있었다는 것은 아니다. 다만 필요시에 사주를 적절히 활용했는데, 다음 대목에 세종의 그런 부분이 잘 드러나 있다.

나는 본래 복자(卜者, 점치는 일을 직업으로 하는 사람)의 말을 믿지 않는다. 그러나 또한 헤아리기 어려운 것이 있는 것은 연전에 복자들이 모두 말하기를 "7, 8월에 액厄이 있다" 하더니 7월에 이르러 병이 발생했다. 복자가 또 이르기를 "금년에도 역시 액이 있다" 하므로 연희궁衍禧宮으로 이어(移御, 임금이 거처를 옮김)하여 이를 피하려고 했더니 7월에도 경미한 질병을 얻었으니 복자의 말이 허망하지 않은 것 같다.

이순신 장군의 주역점

이순신 장군은 주역에도 능통했는데, 전쟁에 임하기 전에 반드시 점괘를 쳐 하늘의 이치를 알고자 노력했다. 이순신 장군의 『난중일기』를 보면 주역점을 치는 내용이 일곱 번이나 나오고, 꿈을 꾸고 직접 해몽하는 내용이 마흔 번 넘게 등장한다. 임진왜란 당시 영의정을 지낸 유성룡柳成龍의 『징비록』에 이런 내용이 담겨 있다.

이순신 장군이 유성룡과 대화를 나누던 중 그에게 이

런 이야기를 해주었다. 견내량 배 위에서 해지는 노을을 바라보고 있었는데, 마침 하늘에 기러기 떼들이 높이 날고 있는 모습을 보고 순간 필시 그것이 어떤 징조일 거라는 생각이 들어 주역의 점괘를 뽑았다는 것이다. 그랬더니 중천건重天乾 괘의 초구初九 '잠룡물룡潛龍勿用'이라는 점괘가 나왔다.

잠룡물룡은 '잠겨 있는 용은 사용하지 말라'는 뜻이다. 이순신 장군은 점괘의 내용에 대해 깊이 생각한 뒤 군사들을 불렀다. 그러고는 밤새도록 배의 가장자리를 칼로 치며 경계하라고 명했다.

그런데 다음 날 새벽, 물 위로 수십 개의 잘린 손가락들이 떠올랐다. 알고 보니 물속에 잠입해 있던 왜군들이 배에 올라타려 하다가 경비를 서며 배의 가장자리를 내리치던 군사들의 칼날에 손가락이 잘린 것이다. 이순신 장군의 주역점이 빛을 발한 순간이었다. 그는 점괘를 해석해 물밑으로 적군이 쳐들어올 것을 예상했던 것이다.

왕이 될 상입니다!

우리가 아주 잘 알고 있는 흥선대원군과 백운학(박유붕)의 일화도 아주 흥미롭다. 조선 말기 황현黃玹이 서술한 비사 『매천야록』에 다음과 같은 이야기가 있다.

아들 고종이 왕위에 오르기 전 흥선대원군은 비루한 신세였다. 그러던 어느 날 흥선대원군의 집 앞을 지나가던 관상가 백운학이 흥선대원군 둘째 아들 명복을 보고는 갑자기 넙죽 엎드리며 "전하! 옥체를 보존하소서!"라고 했다. 깜짝 놀란 흥선대원군이 도대체 이것이 무슨 소리냐고 묻자 백운학은 4년 후 둘째 아드님이 왕이 될 것이라고 대답했다. 그러자 흥선대원군이 "이 얘기를 절대 발설해선 안 된다! 그런데 내가 지금 가난하여 네게 복채를 줄 수 없다. 어쩌면 좋겠느냐?"라고 하자 백운학은 "4년 후 명복이 왕이 되면 현감 관직을 내려주십시오"라고 대답했다.

4년 뒤 아들 명복은 정말로 왕(고종)이 되었고, 약속대로 흥선대원군은 백운학에게 복채 3만 냥과 관직을 하사했다. 3만 냥은 오늘날의 가치로 100억에 가까운 돈이다.

나를 살피면 길이 보인다

아무리 뛰어난 사람도, 아무리 못난 사람도 누구나 여덟 글자로 이루어진 사주를 가지고 있다. 그리고 그 사주에는 장단점이 함께 있다. 그렇기 때문에 어떤 사람의 사주는 좋고, 어떤 사람의 사주는 나쁘다고 단정할 수 없다. 다만 어떤 사람은 명예를 누려야 하고, 어떤 사람은 인기를 누려야 하며, 어떤 사람은 돈을 누려야 하는 차이가 존재할 뿐이다.

예를 들어 인기를 누려야 할 사람이 사업을 한다면 과연 성공할 수 있을까? 그렇게 되기는 어렵다. 가령 전 세계적으로 인기를 누리고 있는 케이팝 그룹 BTS 멤버들이 가수가 아닌 사업을 했다면 그 나이에 지금 같은 성공을 이룰 수 있었을까? 불가능한 일이었을 것이다. 자기의 끼와 자기의 능력을 제대로 알고 그것을 최대한 발휘하는 것이 중요하다.

그런 면에서 자기의 장점을 극대화하고, 단점을 보완하는 것이 사주명리학이고 운명학이다. 족집게처럼 미래를 점치고 맞추는 것이 사주명리학이 아니라는 이야기다. 자기의 장점을 잘 살피고 찾아낼 수 있도록 해주는 것이 사주명리학의 핵심 포인트다. 그 포인트를 잘 알면 충분히 능력을 발휘할 수 있다.

지금 이 순간에도 자신의 인생이 잘 안 풀린다고 생각하고 있는 분들이 있을 것이다. 하지만 분명한 것은 자기가 가야 할 길을 아직 잘 모르고 있는 것뿐이지, 인생이 안 풀려서 그런 것이 아니라는 점을 기억해야 한다.

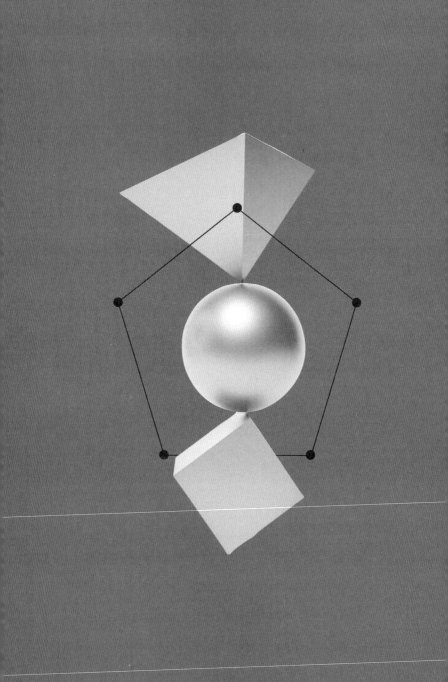

2부

더불어 사는
오행 균형의
지속가능한 행복

우리는 모두 서로 돕길 원한다.

인간 존재란 그런 것이다.

우리는 서로의 불행이 아니라

서로의 행복에 의해 살아가기를 원한다.

— 찰리 채플린

지속가능한 세상을 여는
상생의 법칙

끊임없이 움직이는 상생의 법칙

최근 세계 각국의 정부와 기업들의 최대 관심사 중 하나
는 당연히 '지속가능성'이 아닐까 싶다. 그것이 지구를 지
키는 일이든, 기업의 이익을 극대화하기 위한 것이든 지속
가능한 것에 대한 관심은 점차 늘고 있는 추세다. 지속가
능성sustainable은 인간 사회의 환경, 경제, 사회적 양상의 연
속성에 관련된 체계적 개념으로 이웃에서부터 지구 전체
에까지 영향을 미친다. 지속가능성에 관심이 많은 사람들

은 인간의 필요성을 자제하고 생물의 다양성과 생태계를 보존하는 등 불확실한 미래를 위해 사람과 환경 모두에게 최선의 상태를 제공할 수 있는 계획을 세우고 수행한다.

지속가능한 사회, 지속가능한 세상이란 서로가 서로를, 즉 인간과 자연이 서로를 인정하는 상생의 세상을 말한다. 동양의 학문에 크게 영향을 주고 있는 오행五行에 상생相生의 법칙이 있다. 오행, 즉 목木, 화火, 토土, 금金, 수水 이 다섯 가지 기호가 서로 생하는 이론인데, 서로 주고받는 상생이 아니라 하나의 오행이 다른 오행에게 생生하면 그 오행은 또 다른 오행에게 생生하는 논리다.

오행의 상생 키워드

우선 오행의 특성에 대해 간단히 정리한 표를 보면서 설명해보자. 오행에서 말하는 계절 중 봄은 입춘에서부터 입하 전까지의 기간을 말한다. 그다음 입하에서부터 입추 전까지의 기간을 여름이라고 하고, 입추에서 입동 전까지

▶ 오행의 특성

오행	계절	하루	색상	방향	성공 키워드
목 정성	봄	아침	청색	동쪽	어려운 사람들 돕는 사람 착한 사람 아랫사람을 이해하는 사람
화 용기	여름	낮	적색	남쪽	통섭인인 사람 열정적인 사람 모험적인 사람
금 의지	가을	저녁	백색	서쪽	성실한 사람 계획적인 사람 마무리하는 사람
수 지혜	겨울	밤	흑색	북쪽	꿈을 꾸는 사람 신중한 사람 정보가 많은 사람
토 신의	환절기	사이	황색	중앙	관계를 중시하는 사람 여유가 있는 사람 끈기가 있는 사람

의 기간을 가을이라고 하며, 입동에서 입춘 전까지의 기간을 겨울이라고 한다. 계절은 오행 중 30퍼센트 정도에 해당한다.

먼저 봄에 태어난 사람들은 기본적으로 목의 기질이 강하다. 여름에 태어난 사람들은 화의 기질이 강하다. 그리고 가을에 태어난 사람들은 금의 기질이 강하고, 겨울에 태어난 사람들은 수의 기질이 강하다. 이외에 환절기도 있는데 이는 분석하기가 쉽지 않아 일반인들이 이를 구분하기는 어렵다.

하루는 오행 중 15퍼센트 정도에 해당한다. 아침에 태어난 사람들은 목의 성향이 강하고, 낮에 태어난 사람들은 화의 기질이 강하다. 저녁에 태어난 사람들은 금의 기질이 강하며, 밤에 태어난 사람들은 수의 기질이 강하다.

색깔은 표에 나타나 있듯이 파란색이나 하늘색 같은 청색 계열은 목에 해당하며, 적색이나 분홍색 같은 붉은색 계열은 화에 해당한다. 흰색 계열은 금에 해당하고, 흑색 같은 검정색 계열은 수에 해당하며, 노란색 계열은 토에 해당한다. 색깔이나 방향은 동양의 문화이기도 하고 역사이기도 하며 관습이기도 해서 목은 동쪽, 화는 남쪽, 금은 서쪽, 수는 북쪽, 토는 중앙에 해당한다.

오행의 성향을 한번 살펴보자. 먼저 목은 어질다는 뜻의 '인仁'에 해당하며, 착하고 이타적이고 배려심이 강한 성향의 사람들이다. 동양에서 가장 많이 강조되는 것이 '인의예지신仁義禮智信'인데 그중 인이 바로 목에 해당한다. 화는 예의를 뜻하는 '예禮'에 해당하며, 통섭적이고, 열정적이며, 모험적인 성향의 사람들이다. 금은 의례를 뜻하는 '의義'에 해당하며, 성실하고 계획적이고 마무리를 잘하는 성향의 사람들이다. 수는 지혜를 뜻하는 '지智'에 해당하며, 꿈이 많고 신중하며 정보가 많은 성향의 사람들이다. 토는 믿음을 뜻하는 '신信'에 해당하며, 관계를 중시하고 여유와 끈기가 있는 성향의 사람들이다. 이런 각각의 성향은 동시에 성공 키워드가 되기도 한다.

오행은 곧 문화와 역사와 관습이라고 이미 말했듯이 우리나라의 사대문 역시 모두 인의예지신, 즉 오행, 방향, 색깔을 바탕으로 한다. 동쪽 문은 '흥인지문興仁之門'으로 목을 상징하는 '인仁'자를 썼으며, 남쪽 문은 '숭례문崇禮門'으로 화에 해당하는 '예禮'자를 썼다. 서쪽은 '돈의문敦義門'으로 금에 해당하는 '의義'자를 썼으며, 북쪽은 '홍지문弘智門'으로 수에 해당하는 '지智'자를 썼다. 그리고 중앙의 보신각普信閣에는 토에 해당하는 '신信'자를 썼다.

조선 제21대 왕인 영조 때 인재를 고르게 등용시켜 당쟁의 폐단을 없애자는 취지의 탕평책을 논하는 자리에 묵청포 음식이 처음으로 올라왔는데, 바로 이 탕평책에서 유래해 탕평채라는 이름이 붙여졌다. 탕평채 역시 오행인 목, 화, 토, 금, 수를 활용해 만든 음식이다. 목에 해당하는 파란색 미나리, 화에 해당하는 붉은색 소고기, 금에 해당하는 흰색 청포묵, 수에 해당하는 검은색 김, 토에 해당하는 노란색 달걀이 들어간다. 영조는 신하들과 이 음식을 나눠 먹으며 싸우지 말고 서로 화합해 나라를 잘 이끌어 가기를 바랐다. 이렇듯 동양에서는 역사적으로 오행을 상징하는 색깔이나 방향, 성향 등을 활용한 부분이 헤아릴 수 없을 정도로 아주 많다.

우리가 있기에 내가 있다

동양의 다섯 가지 움직임인 오행은 지속적인 상생을 하고 있다. 목은 화를 생하고, 화는 토를 생하고, 토는 금을 생하고, 금은 수를 생하고, 수는 목을 생한다. 쉽게 말해 서로를 도와준다는 것이다. 심지어 독일의 작가이자 철학자 괴테는 "자연은 머무르지 않고 항상 움직여서 아무것도

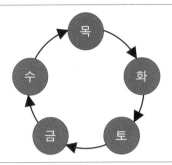

하지 않는 자를 벌한다"라고 말했다. 바꿔 말하면 움직이는 자, 노동하는 자에게 결과를 준다는 이야기다.

그런데 우리는 상생이라고 하면 흔히 서로 주고받는 것이라고 생각한다. 하지만 동양에서의 상생은 서로 주고받는 것이 아니라 조직 전체 또는 팀원 전체가 서로 자신의 장점을 잘 활용해 유기적으로 협업함으로써 새로운 제품이나 새로운 세상을 창조해내는 것을 말한다. 예를 들어 목은 화한테 주고 화는 토한테 주고 토는 금한테 주고 금은 수한테 주다 보면 언젠가 그것이 자연스럽게 나에게 돌아오는 것이지, 내가 하나 줬으니 너도 나에게 하나 줘야 한다는 식의 계산이 아니다.

오행의 상생 그림을 보면 목, 화, 토, 금, 수가 빈틈없이 모두 연결되어 있는 것을 알 수 있다. 오행의 상생은 서로 도우며 협력하는 공동체로서의 삶을 상징한다. 다만 그 협력과 도움은 자신을 희생하는 무조건적인 이타주의가 아니라 서로가 서로를 인정하며 나름의 독립과 자유를 보장하는 것이다.

이렇듯 오행의 상생은 지속가능한 행복을 만들어나가는 데에 있어 아주 중요한 포인트를 가지고 있다. 생태학자로 유명한 이화여자대학교 최재천 교수는 인간은 호모 심비우스Homo Symbious, 즉 공생하는 인간이라고 말한다. 공생共生은 오행의 상생 속에 있다.

한 인류학자가 아프리카 반투족을 찾아가 한 가지 실험을 진행했다. 저 멀리 사탕 바구니를 놓아둔 뒤 그곳의 아이들에게 "1등으로 달려간 사람은 저 바구니에 있는 사탕을 다 가질 수 있다"라고 말했다. 그러자 아이들은 각자 사탕 바구니를 향해 달려가지 않고 서로 손을 잡고 함께 천천히 걸어갔다. 그 모습에 당황한 인류학자가 혼자 힘껏 달려가면 사탕 전부가 내 것이 될 수 있는데 왜 여러 명이 손을 잡고 같이 걸어가느냐고 물었다. 그러자 반투족의 아이들이 이렇게 대답했다. "우분투!" '우리가 있기에 내가 있다'는 뜻이다.

내 주변의 한 사람, 한 사람이 있기에 내가 존재한다는 아이들의 말에 인류학자는 적잖이 놀랐다. 그 아이들의 영혼에는 철저한 이타심이 흐르고 있었다. '인의예지신' 중 '仁(인)' 역시 '人(사람 인)'과 '二(두 이)'가 합쳐진 글자다. 사람이 서로 주고받으며 관계를 맺는다는 뜻이다. 세상 누구도 혼자서는 살아갈 수 없으며, 오행의 상생이 강조하는 것 역시 서로 조화를 이루고 협력하는 공동체의 삶, 즉 공생이다.

오행의 균형관계

오행의 상생은 간섭이나 구속과는 그 의미가 다르다. 상생은 서로가 서로를 도와주는 것을 기본으로 한다. 그런데 우리는 누군가를 돕다 보면 거기에서 그치지 않고 간섭하거나 구속하려는 마음을 갖게 된다. '내가 당신을 도왔으니 내 것만 무조건 사용해야 한다'거나 '내가 당신을 도왔으니 나한테 무조건 충성해야 한다'는 식으로 생각하게 되는 것이다. 이런 마음은 결코 상생이 아니다.

내 수업을 듣는 제자 중에 40대 여성분이 있다. 두 번 이혼한 경험이 있다 보니 이제라도 열심히 살아보고 싶은 마음에 철학관, 점집 등 이곳저곳을 찾아다녔는데 한결같이 부정적인 이야기를 해주더란다. 그래서 자신의 운명을 좀더 깊이 있게 알고 싶은 마음에 공부를 시작했다고 했다. 그렇게 공부하면서 동시에 생계를 위해 작은 치킨 가게도 운영했다.

손님 중에 인상이 조금 험악해 보이긴 해도 1년 정도 단골로 드나들던 손님이 있었는데, 어느 날 그녀에게 "왜 혼자 비를 맞고 있느냐, 내가 우산을 씌워줄 테니 내 우산 속으로 들어와라"라고 하며 프러포즈를 하더란다. 그렇게 해서 이분은 세 번째 결혼을 하게 되었다. 결혼생활을 시작하고 어느 날, 우유 배달 아저씨를 불러 하루에 한 번씩 우유를 배달해달라고 요청했는데, 그때 갑자기 남편이 폭력을 휘두르기 시작했다. 우유 배달 아저씨와 이야기하면서 왜 웃느냐는 것이 폭력의 이유였다.

이 두 사람의 만남은 시작부터가 잘못이었다. 이들은 결혼을 한 우산을 같이 쓰는 것이라고 생각했다. 하지만 그것은 착각이다. 한 우산을 쓰거나 같은 곳을 바라보는 것만이 결혼이 아니다. 결혼은 각자 우산을 쓰는 일이다. 『논어』에 '애지욕기생愛之欲其生'이라는 말이 있다. 사랑은 그 사람을 잘 살게 하는 것이라는 뜻이다. 말하자면 서로의 장점을 잘 발휘할 수 있도록 관계를 맺고 살아가는 것이 사랑이고 행복이라는 것이다.

초연결 시대,
행복을 부르는 공동체로의 회귀

함께하면 무엇이든 가능하다

현대는 초연결 사회다. 인터넷, 통신 기술 등이 발달함에
따라 일상생활 속으로 정보 기술이 깊숙이 들어와 있다.
우리 사회는 그런 다양한 네트워크 서비스를 통해 데이터
는 물론, 사람과 사물 등 모든 것이 촘촘하게 연결되어 있
다. 하지만 촘촘하게 이어진 이 초연결 사회는 연대감을
강화시키기보다 오히려 우리의 삶을 초집중적이고 초이기
적인 것으로 바꿔놓고 있다.

현대인들이 잠시도 접속하지 않고는 살아갈 수 없는 SNS(사회관계망 서비스)는 직접 얼굴을 마주하지 않는 공간이다 보니 상대에 대해 조금 더 과감해지는 경향이 있다. 또한 SNS에서는 자신을 과대 포장하는 경향이 강해서 그로 인해 타인이 느끼는 상대적 박탈감도 매우 크다. 이로 인해 크랩 멘탈리티crab mentality 또는 크랩 이론crab theory 이라는 현상이 나타나기도 한다.

크랩 멘탈리티는 양동이에 잡힌 여러 마리의 게 중 한 마리가 탈출하려고 하면 다른 게들이 집단적 이기심을 발동해 탈출하려는 게를 안으로 끌어들이는 행동을 일컫는다. 즉 자신이 가질 수 없으면 아무도 가질 수 없게 만드는 행동이 나타나는 것이다. 현대인들에게서 점차 이런 성향이 강하게 드러나는 이유 중 하나도 내가 성공해야만 행복할 수 있다고 생각하기 때문이다.

이런 사회 속에서 우리는 타인의 작은 잘못에도 집중적으로 비판과 공격을 퍼붓고, 주변의 고통이나 아픔에 무감각하며, 각자 자신만을 위한 삶을 살아간다. 물론 집단주의가 야기하는 수많은 부작용으로 인해 일정 부분

개인주의를 권장하는 사회적 분위기가 없는 것은 아니다. 억압적인 서열화로 낙인찍는 것에 대한 반발로 개인의 자유로운 삶이 강조되는 시대의 흐름이 유행하기도 했다. 그런 흐름은 초연결 사회로 이어지면서 개인주의를 뛰어넘어 이기주의로 확장되었고, 이제는 개인주의와 이기주의가 결합한 또 다른 세상이 되었다.

장자莊子가 어느 날 길을 걷다가 우연히 한 연못을 보게 되었는데 물이 말라 바닥이 거의 드러나 있었다. 그는 '내일이면 저 고기들이 다 말라죽겠구나' 하는 생각에 걱정이 되었다. 다음날 또 그 연못 근처를 지나가게 되었는데 걱정했던 대로 연못이 바짝 말라 바닥을 드러내 보이고 있었다. 그런데 연못 한구석에 물고기들이 옹기종기 모여 있는 것이 보였다. 물고기들은 입에서 나는 거품으로 서로의 몸을 적셔주며 어떻게든 살고자 버텨내고 있었다.

'상유이말相濡以沫은 '거품으로 서로를 적신다'는 뜻으로 바로 이 이야기에서 유래한 고사성어다. 혼자서 어려움을 이겨내기란 힘든 일이지만 여럿이 힘을 합치면 얼마든지 극복해낼 수 있다는 의미다. 오행의 상생은 서로 도우며 협업을 통해 새로운 세상을 만들어내는 것이다. 그 누구도 저 혼자 오행을 모두 소유하고 실천해나갈 수는 없다.

내 행복의 첫 번째 조건, 타인을 행복하게 하라

대부분의 사람들은 흔히 성공해야 행복할 수 있다고 믿는다. 그러니까 성공이 우선이고 행복은 그다음이라고 생각한다. 그러나 그것은 착각일 가능성이 크다. 행복에는 크게 두 가지가 있는데 하나는 나의 행복이고, 다른 하나는 타인의 행복이다. 성공은 나의 행복이 아니라 타인을 행복하게 할 때 찾아오는 것이다.

280만 년 전 원시 부족들은 수렵 생활을 하며 생계를 이어갔다. 보통 20~30명 정도가 모여 생활했는데 여기서 사냥이 가능한 사람은 열 명 안팎이었다. 이 이야기는 곧 이 열 명 중 몇몇이 짐승에게 물려 죽거나 다치기라도 하면 내 생명이 위태로워지는 것을 의미한다. 열 명이 하던 사냥을 다섯 명이 한다고 가정해보자. 그러면 다섯 명 모두 죽을 확률이 훨씬 더 높아진다. 그렇기 때문에 어떻게든 열 명이나 열다섯 명 정도의 인원을 유지해야만 한다. 그렇게 하기 위해서는 자연스럽게 협동과 협력, 이타성이 발휘될 수밖에 없다. 그리고 이런 행동은 종족의 행복으로 이어지고, 종족의 행복은 결국 나의 생존과 성공으로 이어진다.

이타심이 발휘되지 않으면 사냥에 성공할 수 없고 사냥에 성공하지 못하면 집단은 먹을거리가 없어 굶어 죽게 된다. 누군가 이기적인 행동을 함으로써 수렵 활동이 원활하게 이루어지지 않으면 집단은 순식간에 위험해진다. 그렇기 때문에 이들은 반복된 학습을 통해 서로 도와야지만 사냥에 성공할 수 있고, 사냥에 성공하면 맛있는 고기를 먹게 되어 행복할 수 있다는 것을 터득하게 된 것이다. 타인의 행복이 곧 나의 생존이자 성공인 셈이다.

우리는 흔히 나 혼자 열심히 노력해서 큰돈 벌어 잘살면 그게 성공이고 행복이라고 생각하지만 인류는 아주 오래전부터 철저히 타인의 행복을 보장해줄 수 있어야 나도 생존(성공)하고 행복할 수 있었다.

흡혈박쥐는 다른 동물의 목이나 배에 붙어 피를 빤 뒤 집으로 돌아와 그 피를 자기 새끼들에게 먹인다. 하지만 어미 박쥐가 매번 사냥에서 성공하는 것은 아니다. 그럴 때는 신기하게도 어미 박쥐가 다른 박쥐에게 새끼를 부탁한다. 그러면 사냥에 성공한 다른 박쥐가 날아와 새끼에게 피를 나눠준다. 필요할 때는 이렇게 사냥에 성공한 다른 박쥐에게 부탁해 얻어 쓰고, 나중에 다른 박쥐가 사냥에 실패하면 나 역시 피를 나눠줌으로써 반드시 되갚는다. 지금 내가 베푸는 선의가 타인을 행복하게 하고, 타인의 행복은 다시 나의 성공과 행복으로 이어진다.

농경시대에는 100~150명 정도의 사람들이 한 마을에 거주하며 집단으로 생활했다. 이들은 공동으로 육아를 했는데 특히 할머니, 할아버지들이 육아를 담당했다. 만약에 그렇게 하지 않고 부부끼리만 아이들을 돌봐야 했다면 네다섯 명 혹은 그 이상 되는 아이들을 돌보느라 농사를 짓는 것 자체가 불가능했을 것이다. 하지만 마을 사람들, 특히 어르신들이 누구네 아이든 가리지 않고 돌봐주었고, 젊은 부부들은 농사일에 전념할 수 있었다.

어르신들의 이런 공동 육아는 타인의 행복을 위한 이타심에서 비롯된다. 타인이 행복해야 농사를 지을 수 있고, 농사가 풍년이 되면 나의 생존 가능성이 높아지고, 나의 생존 가능성이 높아지면 부자가 될 수 있다. 우리는 늘 성공해야 행복할 수 있다고 생각하지만 타인의 행복이 바로 내 성공의 첫 번째 조건인 것이다. 우리나라 역사에서 쉽게 찾아볼 수 있는 두레나 품앗이, 계모임 등은 모두 이와 같은 맥락에서 비롯된 문화다.

이는 공동체 정신이 강해서 구성원 모두가 행복해야 가능한 일이지 누군가 불행하면 결코 지속적으로 함께할 수 없다. 누구나 다 알고 있는 『심청전』만 떠올려봐도 쉽게 이해할 수 있다. 심청이 아버지 심학규는 부인이 죽자 어린 심청이를 안고 동네를 돌아다니며 젖을 동냥했다. 신기하게도 많은 동네 사람들이 심청이에게 기꺼이 젖을 나눠주었다. 이렇게 타인을 위해 베푸는 행위는 돌고 돌아 나에게 다시 돌아온다. 나도 누군가에게 도움을 청할 일이 생길 수 있고, 그때 사람들은 내가 그랬던 것처럼 나를 위해 기꺼이 베풀어준다. 이런 도움을 통해 사회 구성원들은 함께 성공하게 된다. 한마디로 타인의 행복을 잘 만들어줄 때 나의 성공도 이룰 수 있다는 것이다.

나의 어린 시절을 돌이켜봐도 이런 공동체 문화가 일상에 그대로 녹아들어 있었다. 어머니께서 농사일을 하러 나가시면 나 혼자 마당에서 놀곤 했다. 그때마다 옆집 아주머니께서 나를 데려다 국수를 삶아주시거나 밥을 차려주시곤 했던 기억이 있다. 그 아주머니께서는 나를 행복하게 해줌으로써 나중에 일손이 필요할 때 우리 어머니나 아버지로부터 도움을 받을 수 있었다. 우리는 성공해야 행복할 수 있다고 생각하지만 타인의 행복이 곧 내 성공의 지름길이다.

국민이 행복해야 하는 이유

현대 정치인들이 주장하는 선거 공약의 많은 부분이 복지와 관련한 것들이다. 한마디로 시민들에게 복지 혜택으로 행복의 사다리를 놓아주겠다는 것이다. 대중의 성공과 대중의 행복을 위한 이런 공약을 주장하는 이유는 대중이 행복하지 않으면 정치인으로 성공할 수 없기 때문이다.

우리나라 역사상 가장 훌륭한 왕으로 칭송받는 세종대왕 역시 나라를 다스림에 있어서 기본 정신은 백성의 행복이었다. 가령 여성 노비가 임신을 해 아이를 출산하면 100일씩 출산 휴가를 주었다. 처음에는 출산 후 100일 동안 육아 휴가를 주었는데, 이것만으로는 부족하다고 여겨 출산 직전 30일 동안 휴가를 더 주어 총 130일간의 휴가를 주었다. 이것만으로도 부족하다 싶어 노비 임산부의 남편에게도 30일간의 출산 휴가를 주었다. 시대적으로 무척이나 진보적인 정책이 아닐 수 없다. 이렇게 백성들이 행복해야 성공한 왕, 성공한 대통령, 성공한 정치인이 될 수 있는 것이다.

많은 사람들이 명예, 돈, 인기 등등 우리가 성공이라고 말하는 모든 것들을 이루면 행복할 것이라고 생각하고, 또 내가 성공해서 행복해지면 그 행복을 다른 사람들과 나누겠다고 말한다. 하지만 절대 그런 일은 생기지 않는다. 타인을 행복하게 해야 돈도, 명예도, 인기도 얻을 수 있다. 예를 들어 우리나라의 그룹 BTS가 오늘날과 같은 인기를 누릴 수 있게 된 것은 보이지 않는 노력과 인내가 있었기 때문이다. 좋은 음악, 멋진 무대를 선보이기 위해 그들은 쉼 없이 연습했다. 그들의 노래를 듣고 그들의 무대를 보면서 행복해하는 팬들의 모습을 상상하며 노력을 멈추지 않았던 것이다. 그들이 성공만을 목표로 달려왔다면 오늘날 세계적인 슈퍼스타가 될 수는 없었을 것이다. 성공하고 싶은데 방법을 모르겠다면 타인을 행복하게, 국민을 행복하게, 대중을 행복하게, 소비자를 행복하게 하라. 그러면 성공은 자연스럽게 이루어진다.

독일 출신의 이민자인 존 로블링John A. Roebling은 뉴욕과 브루클린, 두 도시를 연결하는 브루클린 다리를 건설했다. 다리가 생기기 전 사람들은 배를 타고 이스트강을 건넜다. 그나마 여름에는 수월하게 건널 수 있었지만 겨울에는 물이 얼어 배로 건널 수 없었다. 그것을 보고 존 노블링은 이스트강에 다리를 놓아야겠다고 생각했다.

다리는 강철 케이블로 만든 현수교였다. 그런데 안타깝게도 다리 설계와 공사 감독을 맡은 존 로블링은 공사 중

사고를 당해 그 후유증으로 끝내 숨지고 말았다. 아들 워싱턴 로블링Washington A. Roebling이 아버지의 자리를 이어받았지만 그 역시 잠수병으로 몸져눕고 말았다. 그러자 워싱턴 로블링의 아내 에밀리 로블링Emily Warren Roebling이 공사를 감독해 브루클린 대교를 완공하게 된다. 세계 최초로 만들어진 이 현수교는 뉴욕 시민들이 강을 쉽게 건널 수 있게 해주기 위한 발상에서 시작된 일이었다.

사업 역시 마찬가지다. 어떤 제품과 서비스를 만들고 제공해야 소비자들이 행복할지를 먼저 생각하고, 그에 따라 끊임없이 아이디어를 찾고 제품을 개발하고 연구하는 노력을 기울이다 보면 비로소 내게 성공의 기쁨이 찾아온다.

'배달의 민족', '우아한 형제들'의 김봉진 대표가 이런 이야기를 한 적이 있다. 업체의 사장님이나 아르바이트생들이 뜨거운 여름이나 눈이 오는 겨울에도 홍보 전단지를 돌리는 것을 보면서 안타까운 생각이 들었단다. 어느 때는 아파트에 전단지를 붙이려다가 경비원에게 쫓겨나는 모습을 보면서 그는 '전단지를 스마트폰 안에 넣으면 어떨까'라고 생각했다. 배달의 민족이 크게 성공할 수 있었던 첫 번째 조건은 힘들게 전단지를 돌리는 점포 사장님들의 불편함을 덜어주어 그들이 행복해지기를 바라는 마음이었다. 돈을 벌고 싶다면 이렇게 반드시 소비자의 행복을 먼저 생각해야 한다.

새벽 배송으로 유명한 김슬아 대표 역시 소비자들의 행복을 먼저 생각함으로써 성공을 이룬 경우다. 김슬아 대표 부부는 평소 즐겨 먹는 갈비를 사기 위해 자주 매장에 가곤 했는데, 갈 때마다 주차장에 들어가기까지 두 시간, 주차장에 주차하고 갈비를 사기까지 한 시간, 총 세 시간을 허비해야 갈비를 구매할 수 있었단다. 그때마다 남편이 '아무 갈비나 먹으면 되지 이러면서까지 꼭 이곳 갈비를 먹어야 하느냐'고 불평을 했다는 것이다. 그 순간 김슬아 대표는 '이 맛있는 갈비를 집에서도 편하게 먹을 수 있으면 좋겠다'고 생각했다. 자기와 같은 처지의 소비자들의 행복을 먼저 생각한 것이다.

스칸디나비아반도를 중심으로 한 북유럽, 즉 노르웨이, 스웨덴, 덴마크 그리고 핀란드와 아이슬란드는 수준 높은 복지와 사회적 평등을 동시에 성공시킨 국가들이다. 이들은 서로서로 행복한 타인이 있기에 나 자신도 행복하다. 나 혼자만 행복해서는 절대 국가 전체가 행복할 수 없다. 다른 많은 사람들이 병과 가난과 배고픔에 시달리며 죽어가고 있는데 나 혼자 부자로 산다고 해서 행복할 수 있을까? 결코 그렇지 않다. 세계 국가들의 행복지수 순위 중 1위에서 10위까지가 대부분 북유럽 국가인 이유도 국민 모두를 위한 복지가 잘 되어 있기 때문이다. 나의 행복과 타인의 행복을 보장하는 공동체의 삶과 자유를 누릴 수 있기에 가능한 일이다.

이렇게 원시 수렵시대에서부터 농경시대, 그리고 현대에 이르기까지 그 어떤 상황에서도 타인의 행복이 곧 나의 성공이자 행복이라는 진리는 바뀌지 않는다. 이것은 인류가 살아온 오랜 세월 동안 이어져온 공동체적 의지다. 모든 아이디어는 소비자의 행복을 우선으로 생각해야 사업적으로 성공할 수 있고, 어떻게 하면 팬들이 더 행복할지를 생각해야 인기 스타가 될 수 있으며, 국민들의 행복을 위해 무엇을 해야 할지 깊이 고민해야 성공한 대통령이 될 수 있다.

행복이 찾아오게 하는
아주 쉬운 팁

나는 누구와 얼마나 깊이 관계 맺고 있는가

모든 인류의 염원이기도 한 행복. 그래서인지 행복에 대해
연구하는 심리학자들이 아주 많은데, 그중에는 수녀들의
일기를 분석한 경우도 있다.

1986년 미네소타대학교 데이비드 스노든David Snowdon
박사는 678명의 수녀를 대상으로 그들의 개인 기록(일기)
을 분석한 뒤 매년 인지 기능과 신체 활동 기능을 평가했
다. 그는 이 연구를 통해 생활방식과 교육이 치매 발병에

매우 중요한 영향을 미친다는 것을 밝혀냈다.

수녀들의 개인 기록을 분석한 결과 언어의 복합성, 쾌활성, 유창함 등이 뛰어나고, 긍정적이며 낙천적인 사람들이 치매 발병도 적고 오래 살았다. 반면 우울하다, 답답하다 등의 내용이 많은 사람들은 장수한 사람들에 비해 7~8세 수명이 더 짧았다. 결과적으로 긍정적인 태도, 이타심, 봉사와 같은 삶의 방식이 건강과 장수에 미치는 영향이 아주 크고 중요하다는 것이다.

세계적인 명문 하버드대학교에서도 '무엇이 행복을 결정하는가?'에 대해 연구했다. 하버드대학교 성인 발달 연구팀은 1938년부터 2013년까지 75년이라는 긴 시간 동안 다양한 계층의 청소년 724명을 선정해 2년마다 인터뷰를 진행하며 그들의 인생을 추적 관찰했다. 2015년 하버드대학교 의대 정신과 로버트 월딩거Robert Waldinger 교수는 75년간 누적된 이 데이터를 바탕으로 행복한 삶의 비결은 바로 '인간관계'라고 밝혔다. 우리가 흔히 생각하는 돈, 성공, 성취, 명예와 같은 조건들이 궁극적으로는 행복에 큰 영향을 주지 않았다.

연구 결과의 두드러진 특징 중 첫째는 가족과 친구, 공동체와의 연결이 긴밀할수록 행복도가 높았으며 건강하고 수명도 길었다는 점이다. 반면 외롭고 고독할수록 행복감이 떨어지고 건강이나 두뇌에도 나쁜 영향을 주었다. 둘째, 많은 인간관계를 맺은 사람보다 친밀감과 신뢰도가 높은 인간관계를 맺은 사람이 더 행복했다. 셋째, 좋은 인간관계는 몸과 마음뿐 아니라 두뇌도 보호한다. 결국 행복은 나 스스로 어떤 삶을 사느냐에 달려 있다. 가톨릭대학교 의대 교수를 지낸 변광호 박사는 "행복은 없다. 행복한 성격이 있을 뿐이다"라고 말한다.

미국 여론조사 기관인 퓨리서치센터는 2021년 한국을 포함해 17개국의 1만 8,850명을 대상으로 '삶에서 가장 중요한 가치는 무엇인가'에 대해 조사했다.

도표에 나타나 있듯이 삶에서 가장 가치 있는 것 1순위가 한국은 재물(돈)이다. 그에 반해 일본, 미국, 영국, 그리스는 모두 가족이 1순위다. 우리나라를 제외한 다른 여러 나라들이 1순위로 가족, 2순위로 친구를 꼽은 이유는 물질을 추구하기보다 타인과의 관계, 타인의 행복을 추구

▶ 국가별로 살펴본 삶에서 가장 중요한 가치의 순서

국가\순위	1순위	2순위	3순위
한국	물질(재물)	건강	가족
일본	가족	물질(재물)	직업/건강
미국	가족	친구	물질(재물)
영국	가족	친구	취미
그리스	가족	직업	건강

하는 것이 결국 나에게도 행복을 가져다준다는 것을 삶을 통해 터득했기 때문이다.

앞에서도 이미 설명했던 것처럼 원시시대, 농경시대, 현대에 이르기까지 타인의 행복을 우선으로 선택한 사람들에게는 의당 재물이 따랐고, 정치적으로도 성공할 수 있었으며, 인기도 얻을 수 있었다.

행복은 귀인과 함께 찾아온다. 바꿔 말하면 행복은 사람과 함께 찾아온다. 사람이 없는 행복은 없다. 다시 말해 가족이 없는, 친구가 없는, 동료가 없는 그런 행복은 있을 수 없다. 곁에 사람이 없으면 우리는 성공도 행복도 누릴 수 없다.

나는 얼마나 용기 있는가

남극의 연평균 기온은 영하 55도이고 한겨울에는 영하 88도까지 내려간다. 시속 140킬로미터의 눈 폭풍이 몰아치기라도 하면 체감온도는 영하 88도 이하로 떨어진다. 이런 극한의 추위 속에서도 강한 생명력으로 살아가는 동물이 있다. 바로 우리가 잘 알고 있는 귀여운 외모의 펭귄이다. 펭귄이 엄청난 추위를 극복하며 남극에서의 삶을 유지할 수 있는 것은 '허들링huddling' 덕분이다.

허들링은 펭귄들이 서로 몸을 밀착해 겹겹이 둥근 형태로 모여 천천히 한쪽 방향으로 도는 것을 말하는데, 이때 바깥쪽에 서 있는 펭귄의 체온이 낮아지면 안쪽의 펭귄과 자리를 바꾸는 것이 포인트다. 속도는 매우 느리지만 펭귄들은 계속 움직이면서 서로의 체온을 유지해준다. 펭귄 무리는 이렇게 허들링을 통해 서로의 바람막이가 되어주고 체온을 유지하면서 4개월 이상 이어지는 남극의 추위를 견뎌낸다. 허들링을 통해 서로의 생존을 지켜주는 공동체적인 삶을 살아가는 것이다.

펭귄의 놀라운 면모는 이뿐만이 아니다. '퍼스트 펭귄 first penguin'이라는 말을 들어보았을 텐데, 용기를 가지고 도전해 조직에 큰 영향을 주는 구성원을 일컫는 말로 선구자 또는 도전자를 의미한다. 남극의 펭귄들은 사냥을 위해 바다로 뛰어들어야 하는데 바다에는 천적인 바다표범이나 범고래 같은 동물들이 늘 도사리고 있어서 자칫하면 생명을 잃는 엄청난 위험이 따른다. 펭귄들에게 바다는 먹잇감을 구하는 장소인 동시에 생명을 잃을 수도 있는 공포의 장소다. 그렇다 보니 펭귄들은 먹이를 구하러 바다 끝선까지 와서도 선뜻 뛰어내리지 못하고 망설인다. 먼저 뛰어들었다가는 천적에게 잡혀 먹힐 가능성이 높기 때문이다.

이때 펭귄 한 마리가 용기를 내어 먼저 뛰어들면 나머지 무리가 그 뒤를 따라 바다로 뛰어든다. '퍼스트 펭귄'은 바로 펭귄들의 이런 모습에서 유래한 말이다. 이 말은 미국 카네기멜론대학교 컴퓨터공학과 랜디 포시Randy Pausch 교수가 젊은 나이에 암 선고를 받고 투병 끝에 세상을 떠나며 세 자녀에게 남긴 유작 『마지막 강의』에서 사용하면서 널리 알려졌다. 퍼스트 펭귄처럼 타인의 행복을 위해 먼저 실천하는 사람이 사업, 정치, 일, 돈, 인기 등등 무엇에든 성공할 수 있다.

나는 얼마나 인내하는가

세상일에는 무엇이든 양면성이 있듯이 행복 또한 고통과 함께 온다. 클래식은 몰라도 베토벤이나 바흐를 모르는 사람은 없을 텐데, 베토벤은 650곡, 바흐는 1,000곡 이상을 작곡했지만 그중 성공한 작품은 소수에 불과하다.

입체파를 대표하는 천재 화가 피카소 역시 유화 1,800점, 조각 1,200점, 도자기 2,800점, 드로잉 1만 2,000점을 남겼으나 대중에게 널리 알려진 작품은 전체 작품 수에 비해 그리 많지 않다.

르네상스 시대의 화가이자 조각가, 건축가로 유명한 미켈란젤로는 "남들은 나에게 천재라고 말하지만 내가 하루에 두세 시간 자면서 노력하는 것을 안다면 그런 말은 하지 못할 것이다"라고 말했을 정도다.

　이것이 의미하는 바는 내가 실행한 모든 것이 다 성공으로 이어지지는 않는다는 뜻이다. 실패가 쌓이고 쌓이면 어느 순간 그 사이에서 성공의 꽃이 피어난다. 실패의 순간들은 우리에게 고통을 경험하게 한다. 그 고통을 감내하며 포기하지 않고 도전과 실천을 반복해나가다 보면 자연스레 행복이 찾아온다.

나는 얼마나 겸손한가

전 세계 행복지수 1위인 덴마크에는 '얀테의 법칙Jante's Law'이라는 것이 있다. 얀테의 법칙은 자기 자신을 특별하거나 지나치게 뛰어난 사람으로 여기지 않는다는 의미로, 주로 덴마크 등의 북유럽에서 통용되는 개념이다.

　이 말은 덴마크 출신의 작가 악셀 산데모세Aksel Sandemose의 소설 『도망자, 그의 지난 발자취를 따라 건너다A Fugitive Crosses His Tracks, En flygtning krydser sit spor』에 등장하는 가상의

마을 '얀테'에서 유래했다. 이 마을에서는 보통사람보다 잘난 사람이 대우받지 못하며, 여기에는 다음과 같은 열 개의 법칙이 존재한다.

첫째, 스스로 특별한 사람이라고 생각하지 말라.

둘째, 내가 타인보다 좋은 사람이라고 착각하지 말라.

셋째, 내가 타인보다 더 똑똑하다고 생각하지 말라.

넷째, 내가 타인보다 우월하다고 자만하지 말라.

다섯째, 내가 타인보다 더 많이 알고 있다고 생각하지 말라.

여섯째, 내가 타인보다 더 중요한 위치에 있다고 생각하지 말라.

일곱째, 내가 타인보다 더 잘할 것이라고 장담하지 말라.

여덟째, 타인을 보고 놀리거나 업신여기거나 비웃지 말라.

아홉째, 타인이 나에게 신경 쓰고 있다고 생각하지 말라.

열째, 타인을 가르치려 들지 말라.

얀테 마을 사람들은 이 열 개의 법칙을 지키며 살아간다. 결국 타인을 인정하고, 타인의 행복을 보장하면 할수록 내가 행복해질 수 있다는 이야기다.

나는 얼마나 이타적인가

동양의 『손자오기열전』에 이런 대목이 있다. 오기 장군의 한 병사가 종기가 나 곪아가고 있었다. 그러자 오기 장군은 자신이 직접 입으로 병사의 종기를 빨아주었다. 그것을 본 병사들이 종기가 난 병사의 어머니에게 오기 장군의 이야기를 전했다. 그러자 어머니가 펑펑 울었다. 왜 우느냐고 묻자 어머니는 이렇게 대답했다.

"오기라는 장수가 내 남편의 종기도 짜줬는데, 그러자 남편이 죽음을 무릅쓰고 전쟁에 나가 목숨을 잃었다. 내 아들도 똑같이 오기 장군한테 감동받아 충성을 다해 전쟁에 나가 목숨을 잃을까 봐 걱정된다."

병사의 어머니 입장에서는 안타까운 이야기이긴 하지

만 오기의 입장에서 본다면 타인을 행복하게 함으로써 그 사람으로부터 더 큰 도움을 받을 수 있었다. 타인을 행복하게 하면 그 사람만 행복한 것이 아니라 그 행복이 돌고 돌아 언젠가는 나한테 돌아온다. 이것이 바로 오행의 상생 법칙이다.

행복한 사람들은
어떤 선택을 하는가

행복한 사람들의 4가지 자기변화

행복한 사람들은 늘 행복하기 위한 자기변화를 실천한다.
그들의 첫 번째 변화는 관점의 변화다. 행복은 자신이 바
라보는 방향과 시선에 따라 달라진다. 나보다 가난한 사
람, 나보다 불쌍한 사람, 나보다 힘이 없는 사람에 대해 애
정을 가지면 언제나 행복한 사람이 된다. 반면 나보다 부
자이고 나보다 힘이 있는 사람에 대해 부러움을 가지면
언제나 불행한 사람이 된다.

행복한 사람들의 두 번째 변화는 객관적이기보다 주관적이다. 행복은 주변 사람들의 시선이나 대중의 시선이 아니라 나의 시선으로 바라보았을 때를 중심으로 평가해야 한다. 타인의 시선에 사로잡히면 행복한 삶을 지속적으로 유지하기 힘들다.

행복한 사람들의 세 번째 변화는 긍정적인 습관이다. 행복 지수가 높은 나라의 행복을 평가하는 기준은 대다수가 자기 자신의 행동에 있다. 한국의 행복 평가 기준은 부의 측정이지만 서양, 특히 북유럽 국가들의 행복 평가 기준은 배움, 친절, 건강, 선택의 자유, 기부 등이다. 2022년 기준 행복 지수 조사 결과 핀란드가 1위, 덴마크가 2위, 아이슬란드가 3위를 차지했다. 그에 비해 한국은 59위에 머물렀다.

행복한 사람들의 네 번째 변화는 목표에 집착하기보다 자신의 내면을 바라보는 것이다. "자신을 사랑하는 법을 아는 것이 가장 위대한 사랑이다"라고 말한 미국의 작곡가 마이클 매서Michael Masser의 말처럼 나 자신을 알고 나 자신을 사랑하는 것이 행복을 위한 첫걸음이다.

행복한 사람들의 87가지 법칙

행복한 사람들이 중요하게 여기며 지키는 법칙이 있다. 첫 번째 법칙은 다른 사람을 돕기를 좋아한다는 것이다. 그들은 내가 다른 누군가에게 베풀었을 때 그것이 다른 사람의 삶에 변화를 일으키는 것은 물론, 나의 삶에도 행복과 기쁨을 가져온다는 것을 잘 안다.

달라이 라마는 "다른 사람들이 행복해지기를 바란다면 인정을 베풀어라. 스스로 행복해지고 싶다면 인정을 베풀어라"라고 말했다. 또한 영국의 유명한 코미디언이자 영화감독 찰리 채플린은 "우리는 모두 서로 돕길 원한다. 인간 존재란 그런 것이다. 우리는 서로의 불행이 아니라 서로의 행복에 의해 살아가기를 원한다"라고 말했다.

행복한 사람들의 두 번째 법칙은 다른 사람을 사랑하는 것이다. 행복한 사람들은 다른 사람들을 질투하고 미워하고 증오하지 않는다. 그들은 다른 사람들을 배려하고 사랑하며, 특히 자신보다 가난하고 약한 사람에 대한 사랑이 커서 주변의 많은 사람들에게 사랑을 전파한다. 미국의 37대 대통령 리처드 닉슨은 "남들이 나를 미워할 수도 있지만, 내가 그들을 미워하지 않는 한 그들이 이긴 것이 아님을 기억하십시오. 그들을 미워하면 스스로 망칩니다"라고 말했다.

행복한 사람들의 세 번째 법칙은 다른 사람들의 장점을 보려고 노력하는 것이다. 불행한 사람들은 다른 사람들에게 무관심하거나 부정적이거나 비판하거나 분노한다. 그러나 행복한 사람들은 자신의 장점을 파악하고 그 장점을 잘 살려 나가듯이, 다른 사람들에게도 그들만의 장점을 찾을 수 있도록 도와주고 그들이 스스로 빛날 수 있도록 돕는다.

행복한 사람들의 네 번째 법칙은 자신에게 다가오는 삶을 적극적으로 받아들이고 행복으로 발전시켜 나간다는 것이다. 『지금 이 순간을 살아라』의 저자 에크하르트 톨레 Eckhart Tolle 는 "받아들이고 행동하라. 지금 이 순간에 가지고 있는 것이 무엇이든, 이를 선택한 것처럼 받아들여라. 언제나 맞서기보다 고치려고 노력하라. 이는 기적처럼 당신의 인생을 바꿀 것이다"라고 말한다.

행복한 사람들의 다섯 번째 법칙은 다가올 미래의 희망에서 기쁨을 찾는 것이다. 불행한 사람들은 과거의 일에 집착하며 10년 전, 20년 전, 심지어 어릴 적 일도 잊지 못하고 되새긴다. 그러면서 그 일들을 비난하고, 원망하고, 탓하며 고통스러워한다.

하지만 행복한 사람들은 과거의 어려웠던 시절을 추억으로 생각하고 과거의 불우하고 고통스러웠던 경험들을 발판 삼아 미래의 희망을 만들어간다. 고대 그리스의 서사 시인 호메로스는 "자신이 공들이고 견뎌낸 모든 것을 기억하는 사람들에게는 슬픔조차도 오랜 시간이 지나면 기쁨이 된다"고 말했다.

행복한 사람들의 여섯 번째 법칙은 장점을 적극적으로 활용하고, 단점을 장점으로 만들려고 노력하는 것이다. 불행한 사람들은 단점에 집착한다. 그들은 장점도 단점으로 만든다. 그에 비해 행복한 사람들은 장점을 최대한 활용하고 단점 또한 장점으로 만들어내는 놀라운 능력을 발휘한다. 미국의 시인 로버트 프로스트는 "모자라는 부분을 채워가는 것이 행복이다"라고 말했다.

행복한 사람들의 일곱 번째 법칙은 결과에 연연하기보다 과정에 충실히 임한다는 것이다. 불행한 사람들은 스스로 노력하기보다 자신의 능력에 비해 지나치게 과한 결과를 꿈꾸고 집착하지만, 행복한 사람들은 결과보다 과정에 열심히 임하고 그것으로 만족한다. 미국의 유명 정치가였던 로이 M. 굿맨Roy M. Goodman은 "행복은 여정이지, 목적지가 아니라는 점을 기억하라"고 말했다.

행복한 사람들의 여덟 번째 법칙은 행복에 집착하지 않고 매사 평화롭다는 것이다. 불행한 사람들은 욕망이 크고 다른 사람들의 모습에 자기를 투영하지만, 행복한 사람들은 어떤 환경과 상황에도 동요하지 않고 언제나 평정심을 유지한다.

영국의 의료 전도사 윌프레드 그렌펠Wilfred Thomason Grenfell은 "진정한 기쁨은 편안함이니, 부 혹은 인간에 대한 찬양으로부터가 아니라 가치 있는 일을 하는 데서 나온다"고 말했다. 또한 수도사로 알려져 있는 토마스 아 켐피스 Thomas à Kempis는 "먼저 스스로 믿음의 평온을 유지해야 다른 사람도 평온하게 만들 수 있다"고 말했다.

행복한 인디언의 포틀래치 풍습

'행복'의 사전적 정의는 '생활에서 충분한 만족과 기쁨을 느끼어 흐뭇한 상태'다. 불교에서의 행복은 삼복三福의 하나로, 대승大乘의 행법을 지키며 도심道心을 일으켜 인과의 도리를 믿음으로써 얻는 복을 뜻한다.

철학자 윌리엄 제임스William James는 "행복해서 웃는 것이 아니라 웃어서 행복한 것이다"라는 유명한 말을 남겼다. 행복에 관한 이런 정의나 명언만 보더라도 행복은 나 자신의 안위만을 우선으로 하는 데에서 찾아오는 것이 아니라 타인을 위해 능동적으로 베풀고 도리를 다할 때 찾아온다.

북서부 아메리카 인디언인 치누크족 사람들에게는 '포틀래치potlach'라는 풍습이 있다. 포틀래치는 나누다, 베풀다, 소비하다는 뜻을 가지고 있다. 이들이 살아가는 인디언 사회에서는 각자의 생산물을 공동체 전원과 나누는 것이 하나의 의무였다. 이들은 남아도는 생산물, 즉 잉여물로부터 재앙이 일어난다고 믿었기 때문에 각자 만들어낸 생산물이 남지 않도록 항상 경계했다.

치누크족 사람들은 백인 문명으로부터 보다 발달한 생산도구가 유입되어도 결코 그것을 이용해 생산량을 늘리지 않았다. 총기가 유입되어도 이를 그저 집안의 장식용으로 걸어 둔 채 여전히 활을 이용해 사냥했다. 또한 이들은 물소 한 마리를 사냥하면 그 물소의 영혼을 위해 기도를 올렸다.

그렇다고 해서 결코 이들의 사냥 실력이 떨어지거나 생산 능력이 떨어지거나 경제적 능력이 없거나 하는 것은 아니었다. 이들은 자연과 더불어 살고자 하는 생각이 매우 강했고, 자연의 균형을 함부로 파괴하거나 무너뜨리는 일은 하지 않았다.

특히 족장(추장)이나 우두머리와 같은 지배계층이 되려면 결코 필요 이상의 것을 소유하지 않아야 한다. 부족원들에게 더 많이 베풀고 나누어줌으로써 리더로서의 신임은 더욱 굳건해진다. 포틀래치 풍습을 통해 리더의 지휘를 확고히 하는 동시에 부의 공평한 분배와 순환이라는 긍정적인 효과를 얻는 것이다.

역지사지의 마음

우리가 무심코 사용하는 말 중에 역지사지易地思之라는 고사성어가 있다. 처지를 바꿔 생각해본다는 뜻이다. 이에 관한 일화를 소개해보자.

옛날에 한 선비가 외양간에 소를 키웠다. 어느 날 어미 소가 새끼를 낳았는데, 이 송아지가 어느 정도 성장을 하더니 수시로 외양간을 뛰쳐나가 동네 이곳저곳을 돌아다녔다. 송아지는 외양간 밖의 자유가 그리웠던 것이다. 송아지가 외양간을 뛰쳐나갈 때마다 선비는 송아지를 잡아와 외양간에 가두느라 애를 썼다.

어느 화창한 봄날, 그날도 선비는 따뜻한 햇살이 그리워 외양간 밖으로 뛰쳐나간 송아지를 잡아와 외양간 안으로 밀어 넣느라 낑낑대고 있었다. 하루가 다르게 덩치가 커지는 송아지를 다루기가 여간 어려운 일이 아니었다. 화가 치민 선비는 식구들을 불러 모았다. 온 가족이 힘을 합쳐 송아지와 몸싸움을 했지만 결국 실패하고 말았다.

그때 부엌일을 하던 하녀가 달려 나와 선비와 가족들에

게 뒤로 물러날 것을 부탁하더니 마치 어미소가 젖을 물리듯 자신의 엄지손가락을 송아지 입에 물렸다. 그러자 송아지는 한없이 얌전해지면서 하녀의 손가락을 쪽쪽 빨았다. 하녀가 서두르지 않고 천천히 뒷걸음질을 쳐 외양간 안으로 들어가자, 송아지도 하녀의 손가락을 문 채 그녀를 따라 외양간으로 들어갔다.

송아지를 외양간에 가두고 나온 하녀를 보며 선비가 신기한 듯 말했다. "신기하구나! 식구 모두가 힘을 합쳐도 꿈쩍하지 않던 송아지를 혼자서 힘 하나 들이지 않고 외양간으로 넣다니 말이다." 그러자 하녀가 웃음 띤 얼굴로 말했다. "송아지가 풀밭 쪽으로 가려고 했어요. 그 순간 송아지가 배가 고파 그런 거라고 생각했습니다. 진짜 큰 힘은 상대방의 마음을 움직이는 것일 겁니다. 억지로 떠밀기보다는 스스로 움직일 때가 가장 쉽습니다." 하녀는 아무 일도 없었다는 듯 쪼르르 부엌으로 사라졌다.

『길 위의 철학자』의 저자 에릭 호퍼Eric Hopper는 이렇게 말한다. "놀라운 사실은 우리가 자신을 사랑하는 것처럼 우리의 이웃을 사랑해야 한다는 것이다. 우리는 스스로에게 하는 것처럼 다른 사람에게 한다. 우리가 자신을 미워할 때 다른 사람을 미워한다. 우리가 스스로에게 인내심을 가질 때 다른 사람에게 인내심을 갖는다." 나를 아끼듯 상대방을 아끼는 마음으로 대하면 서로의 부족함을 채울 수 있다. 상대방의 부족함을 알아 차리고 그것을 채워주려는 마음이 곧 행복이다.

동물도 사랑을 안다

『세설신어世說新語』「출면편黜免篇」에 이런 이야기가 있다. 제나라의 환공이 촉을 정벌하기 위해 여러 척의 배에 군사를 태우고 양쯔강 중류 협곡인 삼협을 지나게 되었다. 이곳은 중국에서도 험하기로 유명한 쓰촨과 후베이의 경계를 이루는 곳이었다. 긴 여정으로 잠시 배를 강가에 정박하고 휴식을 취했다. 그때 한 병사가 강가의 숲에 있던 새끼 원숭이 한 마리를 잡아 배에 실었다.

휴식을 마친 병사들은 다시 원정길에 올랐다. 그 순간

어디선가 길고 슬픈 울음소리가 울려 퍼지기 시작했다. 어미 원숭이가 나타난 것이다. 어미 원숭이는 혼신의 힘을 다해 강물을 가르고 절벽을 타올라 험준한 협곡을 헤치며 배를 따라왔다. 100여 리를 울부짖으며 따라왔지만 새끼 원숭이가 탄 배를 따라잡기란 어미 원숭이로서는 벅찬 일이었다.

그런데 강의 폭이 좁아지는 협곡을 지나는 순간 어미 원숭이가 기회를 놓치지 않고 몸을 날렸다. 너무 오랜 시간 쉬지도 않고 달려온 탓인지 어미 원숭이는 배에 뛰어오르자마자 숨을 헐떡이다가 그 자리에서 피를 토하며 숨을 거두었다. 배에 있던 병사들이 죽은 원숭이의 배를 가르자 창자가 토막토막 끊어져 있었다. 그 순간 병사들은 숙연해졌다.

이 말을 전해 들은 환공은 즉시 새끼원숭이를 풀어주었고, 원숭이를 잡아온 병사에게 엄한 벌을 내렸다. 창자가 끊어질 정도의 견딜 수 없는 극한 슬픔이나 괴로움을 뜻하는 '단장斷腸'이라는 말은 여기서 유래했다.

또 다른 일화는 2차세계대전 당시 베트남에서 있었던

일이다. 전쟁에 쓰일 각종 물자를 실어 나르기 위해 큰 강을 가로지르는 다리 공사가 진행 중이었다. 갑자기 엄청난 폭우가 쏟아졌고, 강 쪽에서 큰 소리의 비명이 들려왔다. 불어난 강물 한가운데에서 어미 코끼리가 강물에 떠내려가는 3개월 정도 된 새끼 코끼리를 구하려 사투를 벌이고 있었다. 어미 코끼리는 겨우 중심을 잡고 버티며 필사적으로 코를 열어 새끼 코끼리를 잡아당겼다. 하지만 급류에 휩쓸려가는 새끼를 잡기가 쉽지 않았다.

그때 강 중앙에 솟아 있는 높은 바위를 발견한 어미 코끼리가 새끼를 그 바위 쪽으로 밀어붙이더니 믿기지 않을 정도의 엄청난 힘을 발휘해 코로 새끼를 바위 위로 들어올려놓았다. 한순간 기적 같은 힘을 쏟아내느라 탈진한 어미 코끼리는 이내 급류에 떠내려가고 말았다. 어미 코끼리의 안타까움을 슬퍼할 새도 없이 강물이 불어나고 물살이 더욱 거세져 강 한가운데 바위 위에 올라 있던 새끼 코끼리의 생사도 위태로운 상황이 되었다. 이 광경을 지켜보던 사람들은 발을 동동 구르며 안타까워했다.

그렇게 30여 분이 지났을 무렵 멀리서 코끼리의 울음

소리가 나더니 쿵쿵쿵 땅을 울리는 발소리가 강 건너편에서 들려왔다. 강물에 떠내려가 죽은 줄만 알았던 어미 코끼리가 새끼를 살리겠다는 일념으로 혼신의 힘을 다해 급류를 헤치고 가파른 강둑으로 기어 나온 것이다. 밤새 강가에서 새끼만을 바라보고 있던 어미 코끼리는 비가 잦아들고 강물이 줄어들자 물로 뛰어들어 새끼 코끼리를 데리고 나왔다. 어미와 새끼 코끼리의 기쁨의 울음소리가 끊이지 않았다.

동물도 이렇듯 제 목숨을 바쳐 새끼를 지키고자 하는데, 하물며 인간이 살아가는 우리 사회에서는 우리 스스로 부끄러움을 떨칠 수 없는 일들이 벌어지고 있다. 어린 자녀들을 상대로 한 가정폭력과 학대, 심지어 어린 생명까지 앗아가는 잔인한 사건들이 끊이지 않고 있다. 삶이 힘들어서, 경제적으로 어려워서, 불행해서 등등의 변명을 늘어놓지만 그 어떤 이유로도 용서받을 수 없는 행위다. 정말 행복하고 싶다면 사랑을 베푸는 것, 사랑의 마음을 갖는 것부터 배워야 할 것이다. 사랑의 마음과 실천이 곧 행복이다.

필요한 사람으로 산다는 것

우리가 어려서부터 들어 잘 알고 있는 슈바이처 박사는 태어날 당시 몸이 허약했다고 한다. 부모님의 정성과 보살핌으로 다행히 튼튼하게 자란 그는 어느 날 우연히 다른 마을에 갔다가 그곳에 세워진 석상을 보게 되었다. 고개를 푹 숙인 채 슬픈 눈빛을 하고 있는 아프리카 사람의 석상을 보고 그는 눈물을 흘렸다. 그는 부모님과 주변 사람들로부터 아프리카에는 병에 걸려도 병원에 가지 못하고 죽어가는 사람이 많다는 이야기를 들은 적이 있었다. 석상을 본 그는 서른 살까지만 자신을 위해 학문과 음악을 하고, 그 이후에는 질병으로 고통받는 사람들을 위해 자신의 인생을 바치겠다고 마음먹었다.

슈바이처는 열심히 공부해 철학박사 학위와 신학박사 학위를 차례로 받았고, 파이프오르간 연주자로도 명성을 높였다. 무엇 하나 부러울 것 없는 상황이었지만 슈바이처는 자신과 했던 약속을 지키기 위해 의학박사 학위를 받고 1913년 아프리카로 떠났다. 그는 아프리카에 병원을 개설하고 현지인들을 대상으로 하는 의료봉사에 나섰다. 그의 헌신적인 의료 활동 덕에 많은 사람들이 건강을 되찾았고, 사람들은 그를 '오강가(마법사)', '세계의 위인', '원시림의 성자', '인도人道의 전사' 등으로 불렀다. 1952년에 노벨평화상을 수상한 슈바이처 박사는 그 상금으로 나환자촌을 세웠다.

노벨상 시상식에 참석하기 위해 슈바이처 박사는 아프리카를 떠나 파리로 간 뒤 그곳에서 다시 기차를 타고 덴마크로 향했다. 그가 파리에서 기차를 탔다는 소식을 들은 신문기자들이 그를 취재하기 위해 기차로 몰려들었다. 기자들은 슈바이처 박사가 영국 황실로부터 백작 칭호를 받은 귀족인 만큼 특등실에 있을 것이라고 생각했다. 그러나 아무리 찾아봐도 그는 특등실에 없었다. 기자들은 고개를 갸웃거리며 일등칸으로 몰려갔다. 그곳에도 슈바이처 박사는 없었다. 기자들은 허탈해하며 각자의 자리로 돌아갔다.

그런데 한 영국 기자가 혹시나 하고 3등칸을 기웃거리다가 뜻밖에도 그곳에서 슈바이처 박사를 찾아냈다. 3등칸에는 형편이 어려운 사람들이 딱딱한 나무의자에 꽉 끼어 앉아 있거나 바닥에 앉아 있었으며 일부 사람들은 서 있었다. 슈바이처 박사는 퀴퀴한 악취로 가득한 3등칸 한 구석에 쭈그려 앉아 그들을 진찰하고 있었다.

놀란 영국 기자가 슈바이처 박사에게 다가가 "선생님, 왜 3등칸에 계신가요?" 하고 물었다. 그러자 슈바이처 박사는 "4등칸이 없어서 3등칸에 있습니다"라고 대답했다. 기자가 다시 "그게 아니고 편안하게 특등석에 계셔야 할 선생님께서 왜 이런 불편한 곳에서 고생하며 가시는지요?" 하고 물었다. 슈바이처 박사는 진료에 집중하느라 이마에 맺힌 땀방울을 닦으며 "저는 편안한 곳을 찾아다니는 것이 아니라 저의 도움이 필요한 곳을 찾아다닙니다. 그것이 저의 직업이지요. 특등실의 사람들은 저를 필요로 하지 않습니다"라고 대답했다.

어느 날 테레사 수녀가 한 노인의 집을 방문했다. 그러나 그곳은 집이라기보다 움막이라고 해야 좋을 만큼 형편없이 허름한 곳이었다. 테레사 수녀가 방문을 열고 들어서자 음식 상한 냄새와 벽에 핀 곰팡이 등 역겨운 냄새들이

뒤섞여 코를 찔렀다. 이불이나 옷가지는 몇 년 동안 빨지 않아 쓰레기처럼 변해 있었다. 짐승 우리보다 못한 방에서 노인은 하루하루 죽어가고 있었다. 테레사 수녀가 노인에게 "제가 방을 치워드리겠습니다"라고 말했다. 노인은 누운 채 넋이 나간 표정으로 멀뚱멀뚱 그녀를 바라만 보았다. 테레사 수녀는 바닥을 쓸고 먼지를 털고 옷과 이불을 빨아 널고 더러운 곳을 소독했다. 청소를 하다가 방구석에서 조그만 등 하나를 발견했다. 먼지가 뒤덮인 낡은 등이었다.

테레사 수녀가 노인에게 "이 등은 뭐죠?" 하고 물었다. 노인은 "손님이 오면 켜는 등입니다"라고 대답했다. 테레사 수녀는 등의 먼지를 털어내며 노인에게 다시 물었다. "별로 켤 일이 없었던 모양이죠?" 그러자 노인은 이렇게 대답했다. "몇 년 동안 한 번도 켜지 않았습니다. 누가 죽어가는 늙은이를 만나러 오겠습니까?" 노인에게는 오랜 시간 동안 가족, 친구, 이웃, 누구 하나 찾아오는 사람이 없었던 것이다. 테레사 수녀는 "제가 자주 오겠습니다. 그러면 저를 위해 등을 켜주시겠습니까?" 하고 말했다. 노인은 "당연히 켜고 말고요. 오기만 한다면요"라고 말하며 기뻐했다.

정말로 테레사 수녀는 자주 노인의 집을 찾았다. 본인이 가지 못할 때는 다른 수녀라도 보냈다. 그때마다 노인의 방에는 등불이 켜졌다. 그로부터 2년이 흐른 뒤 노인은 세상을 떠났다. 눈을 감기 전 노인은 자신을 찾아온 다른 수녀에게 이렇게 말했다. "테레사 수녀에게 전해주시오. 테레사 수녀는 내 인생의 등불이 되어준 사람이라고."

테레사 수녀가 미국의 한 TV 프로그램에서 진행하는 대담에 나갔을 때 진행자가 이렇게 물었다. "기도하실 때 하나님께서 뭐라고 하시나요?" 그러자 테레사 수녀는 이렇게 대답했다. "하나님은 듣기만 하십니다." 사회자가 다시 물었다. "그러면 수녀님은 뭐라고 기도하시나요?" 그러자 테레사 수녀는 또다시 "그냥 듣기만 합니다"라고 대답했다. 사회자가 놀란 표정으로 테레사 수녀를 바라보았다. 그러자 테레사 수녀가 이렇게 말했다. "이해하기 어려울 겁니다. 그러나 제가 달리 설명할 방법이 없습니다."

테레사 수녀는 일생을 이웃을 위해 봉사하며 살았다.

그녀는 "세상에는 빵 한 조각 때문에 죽어가는 사람도 많지만, 작은 사랑도 받지 못해 죽어가는 사람은 더 많다"고 말한다. 타인을 도우며 살지 않는 삶은 진정으로 행복한 삶이라고 말하기 어렵다.

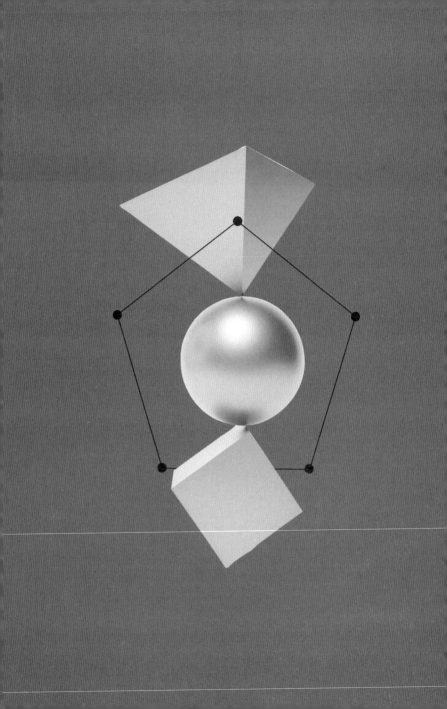

3부

개인주의 시대, 나의 운을 혁명하다

받아들이고 행동하라.

지금 이 순간 가지고 있는 것이 무엇이든

이를 선택한 것처럼 받아들여라.

언제나 맞서기보다 고치려고 노력하라.

이는 기적처럼 당신의 인생을 바꿀 것이다.

— 에크하르트 톨레

운을 부르는
핵심 비법

모든 운은 계획에서 비롯된다

앞서 1부에서는 '운명은 변화하는 것'이라는 주제에 관해 설명했고, 2부에서는 '성공은 타인의 행복에서 온다'는 주제를 바탕으로 여러 가지 예를 들어 설명했다. 이제 3부에서는 운과 재능에 대해 이야기해보고자 한다.

세계적으로 운에 대해 연구한 경제학자나 심리학자들은 아주 많다. 그들의 연구 내용은 대체적으로 재능과 운의 관계에 대해서다.

이탈리아 카타니아대학교의 행동경제학자 알레산드로 플루치노Alessandro Pluchino 교수와 연구진은 인간의 재능과 그 재능을 삶의 기회로 활용하는 방식을 컴퓨터 모델로 만들었다. 그리고 이 모델을 통해 삶에서의 운의 역할을 연구했다. 연구진들이 모델을 통해 시뮬레이션을 한 결과는 매우 놀라웠다. 그 결과는 실제 현대 사회에 나타나고 있는 부의 분배 모습과 아주 유사했다. 특이한 점은 가장 부유한 이들에게 일정한 재능이 있었지만 그들은 가장 재능이 많은 사람들이 아니라 가장 운이 좋은 사람들이었다는 것이다. 최고의 성공이 반드시 최고의 재능 때문이 아니듯이 그 반대도 마찬가지다.

개인별 부의 분포는 실제 사회에서 볼 수 있는 것과 똑같았다. 파레토의 법칙이라는 80-20 규칙이 적용되었다. 80퍼센트가 전체 재산의 20퍼센트를 소유했고, 나머지 20퍼센트는 나머지 자산의 80퍼센트를 소유했다. 연구진은 "부자가 된 요인이 재능이 아니라면 어떤 요인 때문에 왜곡된 부의 현상이 나타나는 걸까요? 그 이유는 순전히 운 때문이었다는 사실을 시뮬레이션을 통해 알 수 있었습니다"라고 말한다.

일단 모든 운은 계획에서부터 비롯된다. 즉 운은 아무것도 준비되지 않은 사람들에게는 찾아오지 않고, 반드시 준비된 사람에게만 찾아온다. 영국 유니버시티칼리지 런던의 스테판 마크리Stephann Makri 교수는 사람들이 어떻게 행운을 만나는지에 대해 연구했다. 그 결과 그는 다음과 같은 결론을 얻었다.

첫째, 행운은 우연히 일어나지 않는다.
둘째, 자신의 범위를 좁게 한정하지 않고 시야를 넓히는 사람일수록 행운이 찾아온다.
셋째, 낯선 것에 저항하지 않고 새로운 가능성을 열어놓은 사람일수록 행운이 찾아온다.

그는 운은 결코 우연히 일어나지 않는다고 말한다. 계획하고 준비한 사람들에게 운이 찾아온다는 것이다. 그리고 자신의 범위를 한정하지 않고 넓힌 사람들, 즉 틀에 매이지 않고 열린 마음과 시선을 유지하며 끊임없이 새로운 것을 발견해내는 사람에게 행운이 찾아오지, 그렇지 않고 습관적으로 자신만의 틀에 안주해 있는 사람에게는 운이 찾아오지 않는다는 것이다. 또한 낯선 것에 저항하지 않고 새로운 가능성을 열어놓는 사람들, 즉 새로운 가능성을 찾아 모험하고 실천하는 사람들에게 운이 찾아온다는 것이다.

운이 좋아지는 77가지 방법

한마디로 운은 실천하는 사람에게 찾아온다. 쉽게 말해 복권도 구입하는 사람만이 당첨될 수 있듯이 운 또한 바라는 것을 실천하는 사람에게 찾아온다. 나는 30만 명 이상의 사람들을 상담하면서 운이 좋아지는 사람들을 연구했다. 그 결과 운이 좋아지는 사람들의 특징과 운이 나빠지는 사람들의 특징을 찾아냈다. 그 방법을 일곱 가지로 정리하면 다음과 같다.

운이 좋아지는 첫 번째 방법은 긍정적으로 생각하라는 것이다. 부정적인 생각을 많이 하는 사람보다 긍정적인 생각을 많이 하는 사람이 자신의 운을 행운으로 변화시킬 수 있다. 예를 들어 '내가 어떻게 하면 이걸 더 좋게 만들 수 있을까?'라는 긍정적인 생각을 해야 운도 찾아오는데, 자꾸만 '나는 왜 이렇게 뭐든 안 될까? 왜 이렇게 매일 힘들까?' 하는 부정적인 생각을 하면 될 일도 안 된다. 이렇게 부정적인 생각이 많은 사람은 스스로 노력하려 하기보다는 자꾸 무언가에 의지하려 한다. 그런 사람들은 운을 회피하거나 바꾸기 위해 약물 중독, 알코올 중독에 빠지기도 하고 사이비 종교나 가짜 역술가, 굿이나 부적 등에 빠져 돈과 시간을 낭비한다. 행운을 찾으려다 오히려 불운을 불러들이는 격이다.

두 번째 방법은 지금을 감사하게 생각하라는 것이다. 지금을 감사하게 생각하고 열심히 사는 사람만이 미래를 자신의 것으로 만들 수 있다.

세 번째 방법은 행운을 잡으라는 것이다. 물리학자 스티븐 호킹Stephen Hawking 박사는 "우주의 모든 양 에너지와 모든 음 에너지를 합친 우주 에너지의 총량은 제로(0)다"라고 말했다. 세상의 모든 행운과 불운의 합도 제로다. 이

말은 곧 행운과 불행은 늘 같이 온다는 뜻으로 해석할 수 있다. 그렇기 때문에 행운만 찾아오는 사람도 없고, 불운만 찾아오는 사람도 없다. 언제든 이 두 가지가 함께 찾아오기 때문에 스스로 그 행운을 잡고자 한다면 반드시 잡을 수 있다.

네 번째 방법은 행운의 반대인 불운을 긍정적으로 받아들이라는 것이다. 불운(불행)이 없는 사람은 없다. 삼성의 이건희 회장과 현대의 정주영 회장도 자식을 먼저 저세상으로 떠나 보내는 아픔을 겪었다. 그렇듯이 이 세상 최고의 부자나 최고의 위치에 있는 리더들에게도 고통과 고난은 반드시 따른다. 이 불운을 빠르게 잊고 긍정적인 모습을 가질 때 나의 행운을 찾을 수 있다.

미국의 루스벨트 대통령이 아직 대통령이 되기 전 그의 나이 39세 때의 일이다. 정치적으로 활발하게 활동하던 그에게 갑자기 소아마비라는 병이 찾아왔다. 우울감에 빠진 그는 방 안에서 거의 나오지 않았다. 비가 그치고 햇볕이 아주 맑게 빛나던 어느 날 아내가 그를 휠체어에 태워 정원으로 데리고 나왔다. 그러고는 루스벨트에게 "하늘을

봐요, 비가 내리다가도 이렇게 밝게 개인 날도 있잖아요. 당신에게도 이런 좋은 날이 있을 거예요"라고 말했다. 그러자 루스벨트는 아내에게 "두 다리를 사용할 수 없게 된 나를 사랑할 수 있겠소?"라고 물었다. 아내는 "나는 당신의 두 다리가 아니라 당신을 사랑한 것이니 걷지 못한다고 해서 당신을 사랑하지 않을 이유가 없어요"라고 대답했다. 루스벨트는 아내의 말에 힘을 얻어 더욱 열심히 정치 활동을 하게 되었고, 결국 미국 역사상 처음으로 4선 대통령이 될 만큼 탁월한 능력을 발휘했다. 누구에게든 불운은 항상 행운과 함께 온다. 불운을 극복하면 그 뒤에는 반드시 행운이 기다리고 있다.

또 하나의 예를 들어보자. 중국의 전자상거래 플랫폼인 '징동닷컴'이라는 회사가 있다. 중국에서 알리바바 다음으로 큰 회사라고 하니 규모가 엄청 큰 곳이다. 그런데 코로나19가 발생하면서 우한 지역이 완전히 봉쇄되는 상황에 처했다. 그러자 징동닷컴은 그런 상황을 기회로 삼아 배달 로봇을 실험했다. 봉쇄로 인해 차도 없고 사람도 거의 없다시피 해서 실험을 하기에 안성맞춤이었다. 징동닷컴은 무인 로봇 배달을 실험함으로써 불운을 기회로 삼은 것이다.

운이 좋아지는 다섯 번째 방법은 운이 좋은 사람과 만나라는 것이다. 운명학에서는 '동쪽으로 가면 귀인을 만날 것이다' 등의 이야기를 자주 한다. 그런데 현실에서는 귀인이 어떻게 생겼으며 누구인지 알 도리가 없다. 하지만 운이 좋게도 귀인을 만날 수 있는 방법이 있다. 바로 성공한 사람들이 쓴 책과 성공한 사람들의 이야기가 담긴 책들이다. 책 속에서 수많은 운이 좋은 사람들, 귀인들을 만날 수 있다. 요즘에는 유튜브를 통해서도 성공한 사람들의 삶과 이야기를 접할 수 있다. 이런 사람들의 이야기와 이런 사람들과의 만남을 지속적으로 시도하면 나의 운도 좋아진다.

어니스트 섀클턴Ernest Henry Shackleton이라는 유명한 영국 탐험가가 있었다. 그는 27명의 대원들을 이끌고 남극 횡단에 도전했다. 그런데 남극에 거의 도착할 무렵 얼어붙은 남극해 한복판에 갇혀 꼼짝 못하는 상황에 처하고 말았다. 다행히 배 안에 어느 정도의 식량이 있었기에 섀클턴과 탐험대는 9개월간 버텼으나 봄 사이에 결국 일이 터지고 말았다.

새클턴은 횡단의 목표를 접고 전원 모두 무사히 살아남아 고향으로 돌아가는 것으로 목표를 바꾸었다. 그리고 그는 힘든 상황에서 모든 대원들을 모두 데리고 고향으로 돌아오는 데에 성공했다. 얼음에 갇히고, 1년을 바다에서 표류하고, 타고 있던 배가 부서지는 고난과 역경을 견뎌내며 새클턴은 630일 만에 탐험대와 함께 귀환했다. 탐험에 참가했던 27명의 대원들은 새클턴이라는 귀인을 만나 생명을 부지할 수 있었다.

운이 좋아지는 여섯 번째 방법은 자신의 행동과 환경을 변화시키라는 것이다. 평소보다 한 시간 일찍 일어나 신문을 정독하거나 유익한 유튜브를 시청하거나 독서를 하거나 운동이나 명상을 하는 등 행운을 부르는 행동을 하나씩 실천해나가는 것이다. 뒤의 4부에서 소개할 운을 부르는 방향, 색상 등의 풍수 인테리어를 통해 주거 환경을 변화시키는 것도 행운을 부르는 좋은 방법이다.

일곱 번째 방법은 자신이 누구인지 정확하게 파악하라는 것이다. 투자의 귀재 워런 버핏은 늘 자신만의 점수표로 스스로를 평가했다고 한다. 내가 누구인지, 어떤 유형의 사람인지, 어떤 직무 역량이 있는지 정확하게 파악한 사람은 그렇지 못한 사람에 비해 성공 확률이 몇 배 높다는 것이다. 타인의 시선으로 평가받는 것에 익숙해지지 말고 내가 나 자신을 정확하게 분석할 수 있어야 한다. 예를 들어 오른손잡이인데 왼손으로 무언가를 하고 있다면 능률도 떨어지고 운도 잡을 수 없으며 성공할 가능성도 낮다. 오른손잡이라면 오른손으로 할 수 있는 일을 선택해야 한다.

행복한 사람에게 운이 온다

운은 불행한 사람보다 행복한 사람에게 온다. 사람이 늘 불안해 있고 부정적이거나 우울해 있으면 절대 행복이 찾아오기 힘들다. 다음은 조선시대 3대 청백리 중 한 사람이었던 오리梧里 이원익李元翼 선생이 자손에게 물려준 열여섯 자 좌우명이다.

무원어인 무오어기無怨於人 無惡於己

지행상방 분복하비知行上方 分福下比

'남을 원망할 것이 아니라 자기에게 나쁜 점이 없도록 하고, 뜻과 행실은 나보다 나은 사람과 견주고, 분수와 복은 나보다 못한 사람과 비교하라'는 뜻이다. 그런데 현실에서 우리는 이와 반대로 행동할 때가 많다. 하지만 돈이나 복은 나보다 못한 사람과 비교하고, 실력이나 행동 등은 나보다 나은 사람과 비교해야지 더 좋은 기회가 찾아오고, 그것이 행운으로 바뀔 수 있다.

대인관계를 통해 운을 부르는 방법

운을 부르는 방법 중에 대인관계를 통해 운을 부르는 열 가지 방법을 정리해보면 다음과 같다.

첫째, 사람을 많이 만나라. 씨를 많이 뿌릴수록 성공 확률이 높아진다.

둘째, 긍정적인 사람을 많이 만나라. 부정적인 사람은 부정적인 일이 많아지고, 긍정적인 사람은 긍정적인 일이 일어난다.

셋째, 상대방을 칭찬하고 존중할수록 다시 내게 돌아온다.

넷째, 타인의 이야기를 들어주어라. 경청을 잘할수록 소통이 빨라진다.

다섯째, 배려의 섬세함은 확장하고 비판의 사소함은 버려라.

여섯째, 자신 스스로를 통제하며 만나라.

일곱째, 대인관계 시 일정한 거리를 두고 만나라. 집착을 버리고 거리를 둘 때 대인관계가 확장된다.

여덟째, 타인의 뒷말을 하지 말라. 앞에서나 뒤에서나 똑같아라. 뒷말은 반드시 나에게 돌아온다.

아홉째, 자신은 이익을 보면서 타인을 손해 보게 하지 말라.

열째, 무시해도 되는 사람은 절대 없다. 한 사람 한 사람에게 정성을 다하라.

운을 부르려면 사람을 많이 만나되 부정적인 사람이 아니라 긍정적인 사람을 만나야 하며, 칭찬을 아끼지 말고 상대방을 존중해야 한다. 단점을 꼬집어 비판하기보다 장점을 발견해 칭찬하는 것이다. 그 칭찬과 존중이 언젠가 내게 다시 돌아온다.

좋은 대인관계에서는 상대방의 이야기를 경청하는 것이 가장 중요하다. 그리고 항상 자기통제가 필요하다. 집착하거나 과한 행동은 대인관계를 위험하게 만든다. 자기통제를 통해 적절하게 거리를 유지하는 것이 성공적인 대인관계의 필수 조건이다. 그리고 다른 사람의 뒷말은 일체 안 하는 것이 현명하다. 사소한 뒷말로 사이가 소원해질 수 있으니 항상 조심해야 한다.

사람을 만날 때는 무조건 이익만 보려 하지 말고 일정 부분 손해를 볼 수도 있다는 생각을 하고 만나야 한다. 서로가 '윈윈'해야 관계가 유지되는 것이지 타인은 손해를 보든 말든 항상 나만 이익을 봐야 한다고 생각하면 성공도 불가능하고 돈을 벌지도 못한다. 그리고 세상에는 내가 무시해도 되는 사람은 없다. 모든 사람들이 다 특별한 존재이므로 한 사람, 한 사람 정성을 다하는 마음으로 대하는 것이 좋다.

판매를 통해 운을 부르는 방법

판매를 통해 운을 부르는 아홉 가지 방법을 다음과 같이 정리해볼 수 있다.

첫째, 시간을 판매하라.

둘째, 전문 지식을 판매하라.

셋째, 기술을 개발해 판매하라.

넷째, 제품을 만들어 판매하라.

다섯째, 서비스를 개발해 판매하라.

여섯째, 교육 방법을 판매하라.

일곱째, 아이디어를 판매하라.

여덟째, 코칭과 컨설팅을 판매하라.

아홉째, 창의·창조·예술을 판매하라.

오행 중 금金에 해당하는 사람들은 손재주가 뛰어나고 계획적인 성향이 강하며 기술 능력이 뛰어나 시간을 판매하는 일이나 기술을 판매하는 일을 하면 좋다. 수水에 해당하는 사람들은 생각이 많고 창의적인 성향이 강해서 전문 지식을 판매하면 좋다. 토土는 대인관계가 좋고 관계성이 뛰어나고 소통을 잘하기 때문에 사주에 토가 많은 사람들은 서비스 개발을 판매하는 일을 하면 좋다. 목木은 어렵고 힘들고 불쌍한 사람들을 잘 헤아리는 능력이 강해서 지금 어려움에 처해 있는 사람들을 그것으로부터 벗어날 수 있게 하는 코칭이나 컨설팅 분야의 일이 적합하다. 화火는 열정적이고 예술적이고 모험적이고 표현적인 성향이 강해서 창의, 창조, 예술 등의 일이 적합하다.

부자가 되는 방법

부자가 되는 여덟 가지 방법을 다음과 같이 간략하게 정리해볼 수 있다.

첫째, 부자처럼 생각하라.
둘째, 돈의 가치를 인정하라.

셋째, 돈의 지출을 줄여라.

넷째, 안정적인 재정 구조를 만들어라.

다섯째, 돈 관리를 기획하라.

여섯째, 돈이 일하게 하라.

일곱째, 여럿이 함께 일해 공동체 이익을 확장하라.

여덟째, 소비자의 이익을 보장하라.

부자처럼 생각하는 것과 부자처럼 행동하는 것을 착각해서는 안 된다. 씀씀이나 삶의 규모 등 부자들의 겉모습을 따라 하다가는 부자가 되기는커녕 쪽박 찰 가능성이 크다. 부자들의 겉으로 드러난 행동이 아니라 그들의 사고, 그들의 생각을 벤치마킹하라는 이야기다. 그들이 어떤 아이디어를 가지고 부자가 되었고, 또 어떻게 부자로서의 삶을 유지할 수 있는지 생각해보는 것이다.

그리고 부자가 되고 싶다면 먼저 돈의 가치를 인정해야한다. 돈은 우리 삶에서 꼭 필요한 아주 중요한 부분이다. 돈을 함부로 막 쓴다거나 돈의 가치를 부정하는 사람은 부자가 되기 어렵다. 돈의 가치를 인정하고 소중히 여겨야 부자가 될 수 있다. 또한 당연한 말 같지만 돈의 지출을 줄이고 안정적인 재정 구조를 만들어야 하며, 돈이 잘 굴러갈 수 있도록 구체적이고 계획적인 관리가 이루어져야 한다. 그리고 돈이 돈을 벌 수 있도록 만들어야 한다.

운에 맡기지 말고 운을 다루어라

마이클 모부신Michael Mauboussin은 자신의 저서 『마이클 모부신 운과 실력의 성공 방정식』에서 성공 가능성을 높이기 위해서는 운에 맡기기보다는 운을 다룰 수 있어야 한다고 강조한다. 성공을 위해서는 내가 성공하려는 영역이 운과 실력의 어느 스펙트럼에 위치하는지를 파악해 올바른 노력을 해야 한다는 것이다.

첫째, 인과관계가 명확하게 드러나는가? 인과관계란 똑같은 행동을 했을 때 얼마나 똑같은 결과가 나오는가이다. 예를 들어 야구에서는 투수가 공을 던질 때 팔을 어느 정도의 각도로 올리고 손목을 어느 정도의 각도에서 꺾어야

공이 원하는 방향과 위치로 가는지를 예측해 정확도를 높일 수 있다. 그러나 주식 같은 경우에는 언제 사야 할지 언제 팔아야 할지, 그리고 산 주식이 언제 오르고 언제 떨어질지를 정확하게 예측하기란 불가능하다. 그렇기 때문에 주식 같은 경우는 인과관계가 없는 영역이다.

둘째, 평균 회귀 경향이 어느 정도인가? 운의 영향이 많을수록 평균으로 회귀할 확률이 높다. 예를 들어 손흥민 선수의 경우 슈팅 연습을 많이 할수록 실력이 향상될 가능성이 높아지고 평균으로 회귀할 가능성이 낮다. 반면에 동전 던지기처럼 운이 많이 작용하는 경우는 던지는 횟수를 반복할수록 숫자 면이 나올 확률은 반반의 평균으로 회귀할 것이다.

셋째, 예측의 정확도는 어느 정도인가? 운과 실력은 차이가 날 것이다. 예를 들어 메시 선수가 심각할 정도로 슬럼프에 빠져 심리적으로 영향을 받지 않는다면 메시가 공을 넣을 것이라는 예측은 어느 정도 정확할 것이다. 그러나 주식시장에서는 전문가들의 예측이 너무 빗나가서 차라리 전문가가 하는 예측의 반대로 하는 것이 맞다는 농담이 있을 정도로 예측의 정확도가 떨어지는 분야다.

마이클 모부신은 운과 실력에 대해 이렇게 이야기한다. "성공하는 사람들 모두가 알고 있는 것처럼 우리는 사람들이 버는 돈에 너무나도 쉽게 속는다." 운이 찾아오게 하려면 운을 다룰 수 있어야 하고, 그러기 위해서는 실력을 키우는 것이 현명하다.

성공과 부를 불러오는
행운의 키워드

재능과 노력

삼성의 창업주 이병철 회장의 경영철학이 '운둔근運鈍根'이 었다. 운은 우둔하면서도 끈기 있게 기다리는 사람에게 온 다는 뜻으로, 열심히 노력하면서 끈기 있게 기다리는 사 람에게는 반드시 운이 찾아온다는 것이다. 능력이 있다고 해서 무조건 성공하는 것이 아니라 능력을 바탕으로 끈기 있게 열심히 하다 보면 그 노력이 반드시 운으로 돌아온 다는 이야기다.

『삼국지』에 등장하는 장비와 조조에 얽힌 일화 하나가 있다. 어느 날 장비가 조조와의 싸움에서 대패했다. 도망치던 장비는 자기 키보다 훨씬 더 높이 자라 있는 수풀에 몸을 숨겼다. 뒤를 쫓던 조조가 잘되었다 싶어 그 수풀에 불을 질렀다. 수풀에 몸을 숨긴 장비는 이제 죽은 목숨이나 다름없었다. 수풀이 한참 타들어 가고 있는데 갑자기 하늘에서 소나기가 쏟아졌다. 그 모습을 지켜보던 조조는, 아무리 지략이 뛰어나고 지혜로운 사람도 운이 좋은 사람만 못하다고 말했다.

서양의 경제학자들이나 심리학자들이 운의 중요성을 강조했던 것처럼 장비가 조조와의 싸움에서 목숨을 구할 수 있었던 것은 수풀이 불타오르는 위기의 상황에 갑자기 하늘에서 비가 내리는 행운이 따랐기 때문이다. 결국 사람은 능력 하나만으로 성공하는 것이 아니라 운이 잘 따라야 하고, 때를 잘 만나야 하며, 사람을 잘 만나야 한다는 것이다.

다음은 성공한 사람들과 부자가 된 사람들이 생각하는 성공 키워드와 부자 키워드를 정리해놓은 것이다.

▶ 성공한 사람들과 부자가 된 사람들이 생각하는 성공과 부의 키워드

필수 키워드	중심 키워드	공통 키워드 (30만 명 이상 상담하면서 만난 성공한 사람들의 성공 키워드와 부자가 된 사람들의 경험을 기록한 책에 담긴 성공 키워드)
행운	행동	실천, 한번 더, 행동, 용기, 열정, 실행, 도전, 노력, 모험
	성실	의지, 인내, 성실, 근면, 끈기, 집중, 습관, 신념
	긍정	정성, 겸손, 긍정, 희망, 꿈, 목표, 동기부여, 낙천, 행복
	자기	자기신뢰, 자기계발, 자기투자, 시간 투자, 자존감
	습관	독서, 메모, 공부, 배움, 간접 경험, 확인 반복
	계획	절제, 절약, 저축, 계획, 규칙, 시간, 예측
	재능	통찰력, 재능, 능력, 실력, 본질 파악 능력, 극복력, 판단력, 강한 멘탈력, 조직력, 노력, 실행력
	건강	건강, 운동, 규칙, 소식, 계획된 식단

행운과 실력

많은 사람들이 성실하게 살고, 긍정적으로 살고, 열정을 가지고 살아가는데 왜 누구는 성공하고 누구는 실패할까? 신념을 가지고 끊임없이 자기계발에 매진하며, 돈 잘 버는 사람들의 루틴도 이것저것 다 시도해봤는데도 실패하는 사람들은 왜 그런 것일까? 바로 행운 때문이다.

행운에는 크게 두 가지가 있다. 하나는 우연히 찾아오는 행운과 노력과 재능을 동반한 실력에서 비롯되는 행운이다. 우연히 찾아온 행운은 우리의 의지로 어쩔 수 없는 부분이다. 예를 들어 우연찮게 우산 장사를 하고 있는데 장사를 시작하고부터 내리 3년 동안 비가 내렸다고 해보자. 당연히 이 우산 장수는 큰돈을 벌게 된다. 코로나19라는 끔찍한 바이러스가 전 세계를 강타했을 때도 마스크나, 배달 등의 사업으로 큰돈을 번 사람들이 있다. 예측할 수 없었던, 그야말로 우연한 기회에 찾아온 행운이다.

반면에 실력을 통해 찾아오는 행운은 다수가 불편한 상황을 겪을 때 그 불편한 부분을 해소시켜주면 찾아오는 경우다. 많은 사람들이 불편해하는 점이 있다는 것 자체가 바로 운이다. 그 불편을 해소시켜줄 수 있는 방법을 찾으면 그것이 바로 돈이 되고 성공이 된다. 그 운을 가지고 누구는 자신만의 행운을 만드는가 하면, 누군가는 그 불편한 상태를 계속 유지하며 불운을 맞이한다.

성공과 부를 가져다주는 두 가지 키워드 중 실력, 즉 재능과 노력에 해당하는 키워드를 정리해보았다.

첫째, 실패도 경험이다. 실패에 좌절하지 말라.

둘째, 직무 역량에 따라 적재적소에 인재를 배치하는 방법을 찾아라.

셋째, 소비자(고객)가 원하는 바를 분석하라.

넷째, 자기신념이 확실한 목표를 정하라.

다섯째, 부지런과 성실함이 실력이다.

여섯째, 구조적으로 움직이는 시스템을 구축하라.

일곱째, 머뭇거리지 말고 빠르게 실천하라.

여덟째, 현대의 변화하는 정보를 폭넓게 통섭하라.

아홉째, 정보와 지식을 끊임없이 습득하라.

열째, 독서를 꾸준하게 하라.

열한째, 책임감을 갖고 일할 수 있도록 업무를 위임하라.

부자(성공)의 루틴 vs 빈자(실패)의 루틴

성공을 꿈꾸는 사람들의 행동과 실패를 꿈꾸는 사람들의 행동을 다음의 표에 비교해놓았다.

▶ 부자의 행동 vs 빈자의 행동

성공과 부를 꿈꾸는 사람은 이렇게 행동하라	실패를 꿈꾸는 사람은 이렇게 행동하라
일기를 쓰라	걱정만 하라(비관적인 삶을 살아라)
메모를 하라	실천하지 말고 생각만 하라
명상을 하라	부정적인 태도로 살라
침대를 정리하고 공간을 청소하라	당장의 즐거움에 최선을 다하라
'할 수 있다'를 외치라	중독에 빠져 살아라(음주, 도박, TV, SNS)
돈을 존중하라	폭식하라
자신을 속이라(강한 척, 재능 있는 척하라)	의욕 없이 무기력하게 있으라
작은 것부터 실천하라	자주 늦잠을 자고 게으르게 살라
확언을 반복하라	실수를 반복하라
잠재의식을 개발하라	단기적인 관점으로만 보라
규칙적이고 부지런하라	완벽한 시간을 기다리라
하루 5시를 두 번 만나라	완벽한 사람이 될 때까지 기다리라
시간을 관리하라	친구와 가족을 무시하라
계산된 위험을 감수하라	해로운 사람만 사귀어라 (게으른 사람, 뒤통수치는 사람, 폭력적인 사람, 타인의 돈으로 먹고사는 사람, 중독된 사람)
예측한 위험을 감수하라	무모하고 위험한 짓을 자주 하라
운동을 하라	일확천금을 꿈꾸라
식단을 조절하라	아무것도 하지 말라
풍수를 활용하라 (방향, 색상, 의상 코디를 활용하라)	과거에 집착하라
하루 한 번 더 도전하라	청소는 하지 말고 물건은 방치하라
자신을 믿고 희망을 가지라	사이비 무당, 사이비 역술, 사이비 종교에 빠지라

작은 성취에도 기뻐하고 아이디어로 승부하라

커다란 행운을 부르고 싶다면 먼저 작은 성공에도 기뻐하는 습관이 필요하다. 매일매일의 일상에서 비롯되는 작은 성취에도 감사하고 기뻐하며 성취감을 만끽하면 큰 성공에 도전하는 것도 어렵지 않다. 더블린 트리니티칼리지의 심리학과 교수 이안 로버트슨Ian Robertson은 자신의 책『승자의 뇌』에서 승자 효과를 주장하며 성공의 중요성을 강조했다. 그는 성공의 필수 요소로 '성공'을 꼽았다. 사람은 성공을 경험했을 때 체내에서 테스토스테론이 분비되는데 이 호르몬은 충동을 추진해 뇌를 보다 모험적이고 전투적으로 만든다고 한다. 그러나 처음부터 목표가 큰 성공을 이루기는 어렵기 때문에 작은 목표를 반복적으로 성공시키면 언젠가는 큰 도전에도 성공할 가능성이 크다.

두 번째는 성공하고 싶다면 공개선언을 하라는 것이다. 이는 공개선언 효과 혹은 떠벌림 효과라고도 부른다. 심리학자 스티븐 헤이스Stephen Hays는 목표 공개 여부에 따라 학생들의 성적에 어떤 변화가 있는지를 실험했다. 예를 들어 '나는 이번 성적에서 5등 안에 들 거야'라고 사람들한 테 공개적으로 말한 경우에는 반드시 그만큼의 결과가 나 온다는 것이다. 반면 속으로만 생각하거나 아무 생각도 하 지 않은 사람들은 성적이 오르지 않았다.

금연이 절실한 사람이 주변 사람들에게 '담배를 끊을 거야'라고 말하면 아무 말도 하지 않은 경우보다 금연 성 공률이 훨씬 더 높아지는 것처럼, 성공을 이루고 싶다면 구체적으로 '나는 3년 안에 3억을 벌 거야'라는 식의 공개 선언을 하면 좋은 결과를 가져올 수 있다는 것이 스티븐 헤이스의 연구 결과다.

세 번째는 부의 혁명의 시대에 아이디어로 승부하라는 것이다. 『장자』의 「소요유」에 이런 일화가 있다. 송나라에 솜 빨래를 가업으로 하는 집안이 있었다. 이 집안에서는 손이 트는 것을 방지하는 약을 개발해 사용하고 있었다. 이 집안에 손을 보호하는 약이 있다는 소문이 주변에 자 자했지만 그들은 비법을 꽁꽁 숨긴 채 가문에서만 사용했 다. 어느 날 나그네가 그 소문을 듣고 찾아왔다. 그러고는 백금百金을 주고 그 비법을 사겠노라 청했다. 이에 망설이

던 주인장은 가족들과 회의를 열었다. 가족 대다수가 "우리는 대대로 솜 빨래를 하고 있지만 버는 돈은 몇 금밖에 되지 않았다. 오늘 비법 기술을 백금에 사고자 하는 사람이 나왔으니 그에게 팔아버리자"라고 했다.

나그네는 획득한 기술을 가지고 오나라 왕을 찾아가 그것의 유용성을 설명했다. 전쟁으로 어려움을 겪고 있던 오왕은 그를 장수로 삼았다. 그리고 겨울철 원나라 군사와의 수전水戰에서 원나라를 크게 무찔렀다. 오왕은 그에게 땅을 나누어주고 영주로 봉했다. 손이 트지 않는 약은 한 가지인데 어떤 이는 솜 빨래를 하는 것에 사용해 하루하루 먹고 살았고, 어떤 이는 나라의 영주가 되었다.

미래학자 앨빈 토플러는 자신의 책 『부의 미래』에서 새로운 부의 혁명 시대에 적응하지 못하게 발목을 잡고 있는 고질적인 병폐를 '공간', '시간', '지식'이라고 정의한다. 새로운 부의 혁명 시대에는 새로운 공간을 향해하고, 새로운 속도를 만들어내고, 새로운 지식으로 무장해야 성과를 얻을 수 있다는 것이다. 송나라의 나그네는 바로 부의 혁명의 시대에 공간, 시간, 지식을 잘 활용한 인물이라 하겠다.

대운은 누구에게나 들어 있다

사주명리학의 운 중에는 대운大運과 연운年運이라는 것이 있다. 이때가 운의 터닝 포인트이고 돈의 터닝 포인트이며 행복의 터닝 포인트다. 그렇다면 일반인들이 자신의 운을 알 수 있는 방법은 없을까? 운이 변화하는 시기에는 다음과 같은 일들이 일어난다. 이때 그 변화에 잘 대처하면 행운이 찾아온다. 한마디로 시간과 공간의 변화를 통해 새로운 운이 찾아오는 것이다.

첫 번째 변화는, 사람들이 바뀐다. 기존에 나에게 도움이 되지 않았던 사람들이 떨어져 나가거나 새로운 사람들과의 친분을 갖게 된다. 그렇기 때문에 스스로 도움이 되지 않는 사람들과는 거리를 두고, 귀인들과 친하게 지내야 한다. 주변의 귀인들을 적극적으로 활용하라.

두 번째 변화는, 지금 하고 있는 일이 바뀐다. 하고 있는 일을 확장하고 싶거나 새로운 일에 도전하고 싶은 마음이 간절할 때가 운이 찾아왔다는 신호다. 너무 욕망이 과도해지면 한 걸음 쉬었다가 진행하고, 안정적이고 싶을 때는 적극적으로 도전하라.

세 번째 변화는, 가족이나 친구 등 주변 사람들의 일이 잘 풀린다. 가족, 친구 등 지인들의 승진, 합격, 당선, 금전 이득 등 긍정적인 일들이 많아진다. 이때 질투와 시기를 하면 자신의 인생이 불운으로 흐를 것이고, 축하를 아끼지 않고 함께 기뻐하면 그들의 행운이 나에게도 도전할 기회를 갖게 한다.

네 번째 변화는, 작은 사건과 사고들이 생긴다. 사건이나 사고가 생기면 보통 분위기가 침체되거나 우울해지거나 절망감에 포기하게 된다. 그러나 그런 때일수록 포기하거나 좌절하지 말고 적극적으로 대처해 극복하면 사건과 사고의 불운이 행운을 가져오는 터닝 포인트가 된다. 불운과 행운은 지속적이지 않고 변화하는 사이클을 가지고 있기 때문이다.

다섯 번째 변화는, 주변을 정리정돈하고 싶어진다. 침대나 책상 등 집 안의 가구 배치를 바꾸고, 집 안의 색상을 바꿔 새로운 시작을 하고 싶다면 운이 변화하는 시기다. 이 시기를 잘 활용하면 행운이 찾아온다.

여섯 번째 변화는, 긍정적인 일이나 부정적인 일이나 여유 있게 대처하게 된다. 일확천금이 생길 것 같은 극단적인 횡재수를 제시하는 사람이 나타나거나 극단적인 위험이 닥쳤을 때 과도하게 흥분하면 불운으로 갈 수 있다. 그렇지 않고 차분하게 여유를 가지고 행동하면 새로운 행운이 찾아온다.

불운 중에도 행운은 있다

제2차 세계대전 때의 일이다. 알프스에 주둔하던 헝가리군의 소대장이 부하 병사들을 얼음으로 뒤덮인 산악지대로 정찰을 보냈다. 그런데 함박눈이 내리기 시작하더니 멈추지 않았다. 정찰 나간 병사들이 돌아오지 않자 소대장은 부하들을 사지로 몰아넣었다는 자책감에 괴로워했다. 사흘째 되던 날, 정찰병들이 돌아왔다. 깜짝 놀란 소대장이 어떻게 돌아왔는지 묻자 그들은 이렇게 대답했다. "병사 중 한 명의 주머니에 지도가 있었습니다. 그것이 우리를 진정시켰어요. 눈보라를 만났지만 지도에 의지해 돌아올 수 있었습니다." 지도를 유심히 살펴보던 소대장은 깜짝 놀랐다. 그것은 그들이 정찰 나간 알프스산맥의 지도가 아닌 피레네산맥의 지도였기 때문이다.

이 이야기는 노벨생리의학상을 받은 얼베르트 센트죄르지Albert Szent-György가 직접 겪은 실화다. 계획대로 일이 진행되지 않는다고 해서 포기하는 경우가 많은데 잘못된 계획이라도 쓸모없는 것은 아니다. 때로는 계획 자체가 목표로 향하는 동기부여가 되기도 한다.

공자가 위나라에서 진나라로 가는 도중에 광 땅에서 위험에 빠진 일화가 있다. 공자와 닮은 노나라 실력자인 양호에게 원성을 가진 백성들이 공자 일행을 양호 일행으로 착각하고 쫓아오며 공격을 가했던 것이다. 그런데 이 극도의 위기 속에서도 공자는 태연하게 거문고를 타고 있었다. 자로가 공자에게 물었다. "스승께서는 어떻게 이 와중에도 음악을 즐길 수 있습니까?" 그러자 공자가 이렇게 대답했다. "곤궁에는 운명이 있고 형통에는 때가 있음을 알면 큰 어려움에 처해도 두려워하지 않는 것이 성인의 용기라."

공자를 포위해 공격하던 사람들이 공자가 타는 거문고 소리를 듣고는 자신들이 오해했음을 알고 물러났다. 양호와 같은 나쁜 사람이 이처럼 아름다운 음악을 연주할 리 없다고 판단한 것이다.

급격한 변화에 따라 미래를 대비하라

역사학자 유발 하라리Yuval Noah Harari는 《파이낸셜타임스》와의 인터뷰에서 이렇게 말한 적이 있다. "인류는 지금 전 세계적인 위기에 직면해 있다. 아마도 우리 세대 최대의 위기일 것이다. 다음 몇 주 동안 사람들과 정부가 내리게 될 결정은 앞으로 다가올 세계를 바꿔놓게 될 것이다." 실제로 전 세계는 코로나19로 인한 팬데믹 상황에 놓였고, 우리의 일상을 송두리째 바꿔놓았다.

그런 가운데에서도 시대의 변화를 빠르게 이해하고 소비자가 가지고 있는 불편을 간파해 혁신적으로 이를 받아들인 사람들은 큰 성공을 거두었다. 디지털 기술의 발전을 통해 비대면, 비접촉으로 물건을 구매하거나 받아볼 수 있는 시대가 된 것이다. '언텍트untact'나 '온텍트ontact'처럼 디지털 기술을 사회 전반에 적용해 전통적인 사회구조를 혁신시키는 것을 디지털 전환digital transformation이라고 한다. 기업에서 빅데이터 솔루션, 사물인터넷, 클라우드 컴퓨팅, AI(인공지능)를 플랫폼으로 구축하고 활용해 기존의 전통적인 운영 방식과 서비스 등을 혁신하는 것을 의미한다.

세상은 초단위로 변화하고 발전을 거듭한다. AI가 인간의 작업을 대신하고, 대화형 인공지능 서비스인 chatGPT가 세상의 모든 궁금증과 질문에 답을 해주는 그런 세상이 되었다. 인공지능 시대의 흐름에 따라 사라질 수 있는 직업에 종사하는 사람들은 미래가 두려울 수밖에 없다. 미리 대비하지 않으면 많은 사람들이 일자리를 잃게 될 것이다. AI가 인간을 대신하는 시대에 사라질 수 있는 대표적인 직업은 다음과 같다.

첫째, 단순 반복하는 일
둘째, 많은 사람들이 종사하는 일

셋째, 고액 임금의 일

넷째, 위험을 감수해야 하는 일

다섯째, 인류의 식량과 관련된 일

여섯째, 암기를 중심으로 하는 지식과 관련된 일

일곱째, 손으로 하는 기계적인 일

인생을 바꾸는
운명의 터닝 포인트

귀인을 만나는 방법

되는 일도 없고 몸도 마음도 황폐화되었을 때는 아무런 꿈도 꿀 수 없다. 열악하고 가난한 환경에서 나에게 힘을 주고 응원을 해주는 그 누군가의 존재는 암흑의 세상을 헤쳐 나와 새로운 희망의 세상으로 발돋움할 수 있는 좋은 에너지가 된다. 동양에서는 이런 사람을 귀인, 즉 귀한 사람이라고 부른다.

　내가 만났던 소위 성공한 사람들 역시 캄캄한 미래와

암흑의 현실에서 힘들어하던 중 다시 꿈을 꿀 수 있는 긍정 에너지를 전해주는 귀인을 만나 운명의 터닝 포인트를 맞이했다. 그 귀인들은 재벌집 회장이나 장관 같은 엄청난 부와 명예를 가진 사람들이 아니다. 자취집이나 하숙집 아주머니, 초등학교 선생님, 세 들어 살던 집주인 아저씨 등등 우리 곁에 늘 존재하는 아주 평범하고 소박한 이웃들이다.

오래전 방송 채널 KBS에서 방영하던 〈TV는 사랑을 싣고〉라는 인기 프로그램이 있었다. 유명인들이 출연해 어려웠던 과거 자신에게 꿈을 심어준 고마운 사람들을 다시 찾는 프로그램이었다. 성공을 이룬 수많은 연예인, 운동선수, 시인, 소설가 등의 많은 사람들이 추억 속의 주인공을 만나 눈물로 감사를 전하는 모습을 보면서 우리도 함께 감동과 기쁨의 눈물을 흘린 기억이 있다.

내 곁에 어떤 사람이 있는지는 무척이나 중요하다. 그리고 곁에 있는 그 사람이 해준 짧은 말 한마디와 묵묵히 보살펴준 작은 사랑은 한 사람의 인생을 바꾸어놓는 엄청난 터닝 포인트가 된다. 추억 속 그 사람들은 모두 누군가의 귀인이었던 것이다. 이렇게 나에게 꼭 필요한 사람, 내게 행운을 가져다주는 귀인은 우연히 찾아오는 경우도 있고, 나의 노력을 통해 찾아오는 경우도 있다.

시골에서 어린 시절을 보내던 때를 떠올려보면 내 주변에도 귀인이 참 많았다. 바쁜 부모님을 대신해 살뜰히 끼니를 챙겨주시던 옆집 아주머님부터 동네 어르신들까지 어린 나를 보살펴주시던 그분들은 모두 내게 귀인이다. 이런 경우는 나의 노력 없이 우연히 찾아온 귀인에 해당한다.

반면에 자신의 노력에 의해 만들어진 귀인들도 있다. 유비한테는 제갈량이나 장비, 관우가 귀인이고, 조조한테는 사마의나 순욱 같은 인물들이 바로 귀인이다. 영화 〈킹메이커〉에 등장하는 인물 엄창록은 김대중을 대통령으로 만든 귀인이다. 노력으로 귀인을 만들려면 사람을 잘 관리하고 소통하는 능력을 필히 갖춰야 한다는 것을 기억하면 좋겠다.

또한 나 자신이 지금 내 주변 사람들에게 귀인이 되어 그들의 미래에 꿈과 희망과 성공을 안겨줄 수 있다면 얼마나 행복할까? 서로가 귀인이 되어준다면 우리 모두 성공과 행복을 얻을 수 있지 않을까?

　막연하게 나한테 어떤 귀인이 찾아올지를 기대하기보다는 나 스스로 많은 사람들의 귀인이 되어주다 보면 어느 순간 자연스럽게 나에게도 내 운명의 터닝 포인트가 되어줄 행운과 귀인이 찾아올 것이다. 그러니 귀인이 나타나기만을 기다리지 말고 내가 먼저 누군가의 귀인이 될 수 있도록 이타적인 마음을 갖고 행동으로 옮겨보면 어떨까. 그럼으로써 한 사람의 인생에 터닝 포인트가 되어 그에게 행운을 가져다줄 수 있다면, 그 행운은 돌고 돌아 다시 내게로 돌아올 것이다.

메시에게 날아온 한 통의 편지

2022년 카타르 월드컵에서 자신의 나라 아르헨티나에 우승 트로피를 안겨준 축구선수 리오넬 메시. 축구는 몰라도 메시를 모르는 사람은 아마 없을 것이다. 그런 메시도 한때는 뜻대로 실력을 발휘하지 못해 국가대표를 그만두어야겠다고 생각한 적이 있다.

세계 최고의 축구선수였지만 메시가 아르헨티나 국가
대표팀으로 출전만 하면 아르헨티나는 월드컵에서 형편없
는 성적을 거두었다. 아르헨티나 국민들과 세계 축구 팬들
의 비판이 거세졌고, 이에 메시는 죄책감과 자포자기의 심
정으로 국가대표팀 은퇴를 선언했다. 그때 아르헨티나의
작은 시골 마을 초등학교 교사가 메시에게 다음과 같은
내용의 편지를 보냈다.

리오넬 메시에게

당신은 아마 이 편지를 읽지 않겠죠. 하지만 저는 오늘 축구
팬이 아닌 한 사람의 교사로서 당신에게 편지를 씁니다. 저는
비록 교사이지만 아무리 노력해도 저를 향한 아이들의 존경
심은 아이들이 당신을 좋아하는 마음에는 미치지 못합니다.
그만큼 아이들은 당신을 사랑하고 있습니다. 그런데 아이들
이 지금 영웅이 포기하는 모습을 보게 되었습니다.

당신을 지치게 만든 일부 아르헨티나인들의 어두운 면을 저
도 잘 압니다. 그러나 대표팀 은퇴는 당신을 욕하고 깎아내리

는 이들에게 굴복하는 것이나 다름없습니다. 그들처럼 승리에만 가치를 두고 패배를 통해 성장하는 것을 무시하는 어리석음에 넘어가지 않았으면 합니다. 아이들에게 이기는 것만이 우선이고, 유일한 가치라는 선례를 남겨선 안 됩니다. 아르헨티나의 어린이들이 인생의 목적은 다른 누군가를 행복하게 해야만 한다는 생각을 하게 해서는 안 됩니다.

당신이 어린 시절부터 어떤 어려움을 이겨내며 오늘의 메시가 되었는지 잘 압니다. 성장 호르몬 결핍이라는 희귀병을 앓은 당신이 어린 나이에 얼마나 고통스러운 주사를 맞으며 자랐는지 우리 모두가 알고 있습니다. 지금 당신이 은퇴하면 이 나라 아이들은 당신에게 배웠던 노력의 가치를 더 이상 배우지 못할 것입니다. 지금 당신처럼 졌다는 이유만으로 포기한다면 오늘도 하루하루를 어렵게 살아가는 이 나라의 많은 사람들은 인생의 가치를 잃어버릴 수 있습니다.

저는 학생들에게 당신에 대해 말할 때 당신이 얼마나 멋지게 축구를 하는지 이야기하지 않습니다. 프리킥으로 단 한 골을 넣기 위해 당신이 같은 장면을 수천 번이나 연습한다는 사실을 알려줍니다. 당신은 아르헨티나 대표팀 유니폼을 벗어선

안 됩니다. 모든 팬들이 당신에게 승리와 우승만을, 트로피와 메달만 바라는 게 아니라는 사실을 알아야 합니다. 제발 우리 아이들에게 2위는 패배라고, 경기에서 지는 것이 영광을 잃게 되는 일이라는 선례를 남기지 말아주세요. 진정한 영웅은 패했을 때 포기하지 않는다고 생각합니다. 진정한 영웅이라면 이길 때는 같이 이기고, 질 때도 혼자가 아니라는 진리를 알려줘야 합니다.

당신이 우리나라를 대표할 때만큼은 리오넬 메시가 아닌 아르헨티나 그 자체라는 마음으로 대표팀에 남아줬으면 합니다. 결과에 관계없이 사랑하는 일을 해서 행복할 수 있다면 그게 가장 위대한 우승이라는 사실을 보여주세요.

— 진심을 담아, 알레 초등학교 교사 요아나 푹스

이 편지는 순식간에 아르헨티나와 전 세계로 퍼져나갔다. 결국 메시는 6주 만에 대표팀 복귀를 선언했다. 이렇게 메시와 전 세계 메시 팬들의 마음을 울린 편지를 쓴 사람이 메시에게는 바로 귀인인 것이다.

스톡데일 패러독스

미군 장교 제임스 스톡데일James Bond Stockdale은 베트남전쟁 당시 1965년부터 1973년까지 7년 6개월간 동료들과 함께 포로수용소에 수감되어 있었다. 7년이 넘는 포로생활 동안 스톡데일은 냉혹한 현실을 직시했고, 끝내 살아남았다. 반면 대비 없이 그저 상황을 낙관적으로 바라보기만 한 동료들은 계속되는 상심을 못 이겨 죽고 말았다.

스톡데일은 석방된 후 "불필요할 정도로 지나치게 낙관적인 사람은 모두 다 죽었습니다"라고 말했다. '곧 풀려날 것이다'라는 근거 없는 희망을 품었다가 빈번히 좌절감을 경험하며 심신이 약해진 동료들은 죽음을 맞이한 반면, 상황을 인정하고 자신이 할 수 있는 일을 하면서 기다렸던 스톡데일은 끝까지 살아남아 고국으로 돌아갈 수 있었다. 스톡테일은 현실을 외면한 채 무조건 잘될 것이라고 생각한 것이 아니라, 낙관과 긍정을 가지되 객관적으로 현실을 직시하고 적응해나갔기 때문에 힘들었던 상황을 버텨낼 수 있었다.

미국의 정신의학자 주디스 허먼Judith Herman은 자신의 저서 『트라우마: 가정 폭력에서 정치적 테러까지』에서 나치 수용소에서 살아남은 사람들의 생존 단위가 한 사람이 아닌 '짝'이라고 언급했다. 극한 상황에서도 상호 교류와 관계를 지속해온 사람만이 살아남을 수 있었다는 것이다.

미국의 정신의학자 대니스 채니Dannis charney는 현실에 대해 냉정하게 평가하지만 극복할 수 있다고 믿는 스톡데일 패러독스가 회복탄력성resilience과 연관이 있다고 보았다. 또한 스톡데일이 다른 포로들과 적극적으로 소통한 것이 그가 살아남을 수 있었던 매우 중요한 요소였다고 지적한다. 모든 사람들이 소통하고 교감하며 트라우마에 직면하려면 조언을 얻을 수 있는 사회관계성이 필요하고, 그것을 통해 삶을 유지하고 살아갈 수 있다고 말한다.

포스터로도 유명한 영화 〈쇼생크 탈출〉의 주인공은 억울한 옥살이를 하면서 지속적으로 탈출 계획을 세운다. 그는 언젠가 억울함이 풀리고 석방되리라는 막연한 기대에 빠져 있지 않았다. 그는 교도소라는 냉혹한 현실을 직시하고 매일매일 작은 숟가락으로 벽을 파내면서 희망을 잃지 않고 결국 탈출에 성공한다.

삶의 가치를 깨닫고 목표를 설정하도록 하는 것에 목적을 둔 실존적 심리 치료 기법인 로고테라피logotherapy의 창시자이자 『죽음의 수용소』의 저자 빅터 프랭클Viktor Emil Frankl은 자신이 겪었던 수용소에서의 기억을 이렇게 이야기한다. "크리스마스부터 새해 첫날 일주일 동안 수용소의 사망률이 증가했다. 수용수들은 대부분 크리스마스에는 집으로 돌아갈 수 있을 거라는 순진한 희망 속에서 살고 있었기 때문에 더 큰 실의에 빠지게 되었다." 현실적이지 않은 무조건적인 희망 혹은 지나친 낙관이 얼마나 위험한지를 알 수 있는 대목이다.

터닝 포인트와 카이로스의 시간

사업이나 장사를 새롭게 시작하거나 확장하는 일은 우리의 일상이 경험하는 인식의 저편에 있는 사건이라고 할 수 있다. 도무지 가늠되지 않는 새로운 세계가 열리는 것이다 보니 흥분과 혼란이 동시에 찾아온다. 새로운 변화에 적응하지 못하고 과거에 머물러 있거나, 새로운 시작에 필요한 철저한 준비와 계획 없이 무모한 꿈과 희망에 젖어 욕망만을 좇는다면 이는 매우 위험한 결과를 초래한다. 과거의 안녕과 욕망으로 점철된 세계와 결별하고 새로운 시작과 변화의 시공간으로 담대하고 용기 있게 나아가야 한다.

새로운 시작이나 확장은 뚜렷한 비전과 사명감으로 철저하게 준비하고 계획한 사람들의 희망을 향한 모험이다. 하지만 이런 모험 자체가 위험한 사람들이 있다. 그들은 바로 누군가 이미 닦아놓은 보장된 공간과 시간의 울타리 안에 있고자 하는 사람, 또는 능력은 부족하고 준비는 미흡한데 욕망은 과도해서 무리한 투자로 엄청난 생산을 꿈꾸는 사람들이다.

현재의 울타리에 있고자 하는 사람, 현재의 틀에 만족하는 사람에게는 안전이 보장된 것처럼 보이지만 실상 새로운 일은 아무것도 일어나지 않는다. 당연히 성공은 있을 수 없다. 목표와 비전, 사명감과 체계적인 준비 없이 넘치는 욕망으로 일확천금을 꿈꾸는 사람은 자칫 열정으로 가득 차 새로운 세상을 열 것처럼 보이지만 결국 혼돈의 소용돌이에 휘말려 실패의 길로 빠져들게 된다.

자신의 재능을 정확하게 파악하고 능력을 확장하고 목표와 비전을 가지고 체계적인 준비를 해야 한다. 그럼으로써 새로운 시간과 공간에 대한 각성과 새로운 변화에 대한 두려움 없는 혁명적인 돌파를 시도해야 한다. 이것이 사업의 시작과 확장이며 돈을 벌 수 있는 기회이고, 운명의 터닝 포인트이며 카이로스의 시간이다. 운은 준비된 사람들에게 우연히 찾아오는 때와 사람을 말한다. 명은 타고난 재능과 실력, 그리고 재능과 실력을 만들어가는 노력을 말한다. 타고난 재능과 실력을 향상시키고 더 잘 발휘될 수 있도록 노력하다 보면 운명의 터닝 포인트와 성공과 돈의 카이로스의 시간이 찾아온다.

자기혁명의
5가지 유형

배려와 인정, 사랑의 목의 유형

사람은 누구나 오행, 즉 목, 화, 토, 금, 수, 이 다섯 가지 성격 특성 중 하나 이상을 가지고 태어난다. 그 다섯 가지 특성과 능력(재능)으로 어떻게 하면 운을 잡을 수 있는지 알아보자.

먼저 동양의 배려, 인정, 사랑의 법칙인 목木의 유형이다. 목은 배려심이 많고 온정적이며, 인간적이고 자유롭고 헌신적이며, 성장과 교육에 관심이 크고, 다른 사람을 도우려는 부분이 매우 강하며, 희생정신 또한 두드러진다. 이런 성향의 사람들은 교육이나 상담과 관련된 분야, 인문학이나 사람을 분석하는 인사와 관련된 분야의 사업을 하거나 그런 분야의 일을 하면 크게 성공할 수 있다. 만약에 배려심이 많고 자유로운 것을 좋아하고 헌신적인 사람이 아주 기계적인 일을 하게 된다면 크게 성공하기 어려울 수 있다.

목 유형의 사람들은 배려와 봉사 능력이 강해서 매우 이타적이며, 그런 부분들을 잘 활용해 능력을 발휘하면 큰 성공을 이룰 수 있다. 우리나라의 국민가수 조용필이나 미국의 방송인 오프라 윈프리 등이 목의 대표적인 인물이며, 학원 창업자 중에서도 목 기질이 강한 사람들이 아주 많다. 내가 만나본 목의 유형 중에는 친환경이나 재생에너지에 관심이 깊은 사람들도 많았다. 그들 중에는 1년만 되면 다 썩을 수 있는 빨대나 컵을 개발해 사업에 성공한 청년도 있다.

김대중 대통령 역시 목의 기질이 강해서 늘 힘들고 어려운 사람들에 대한 관심을 멈추지 않았다. 그가 세계 노벨평화상을 받을 수 있었던 것도 바로 그런 성향이 있었기에 가능했을 것이다. 외교관을 지낸 김하중 씨는 자신의 저서 『증언』에서 김대중 대통령에 대해 이렇게 말한다.

내가 대통령을 모시면서 만나본 세계의 모든 지도자들은 김 대통령을 존경했다. 그들은 인간으로서는 상상도 할 수 없는 역경을 뚫고 살아온 김 대통령의 불굴의 의지와 높은 도덕적 가치를 존경했다. 이 책을 쓰면서 그들이 말한 것을 다 쓰기가 어려울 정도였다. 미국의 클린턴 대통령이 그랬고 일본의 총리들이 그랬고 독일, 프랑스, 이탈리아 대통령과 총리들을 비롯한 서방 지도자들이 그랬다. 중국의 장쩌민 주석과 주룽지 총리는 중국의 장관들인 고위 인사들이 있는 앞에서 김 대통령을 '형님'이라고 불렀다. 같은 한국인들 사이에서도 연배가 비슷한 사람을 형님으로 부르기가 쉽지 않은데 13억 인구의 국가 주석과 총리가 한두 살밖에 차이가 나지 않는 한국 대통령을 형님이라고 부른다는 것은 상상도 할 수 없는 일이었다. 그리고 러시아의 푸틴 대통령도 김 대통령을 대할 때는 아주 정중하게 경의를 표했다. 인도네시아의 와히드 대

통령은 자신의 각료들 앞에서 김 대통령을 자신의 스승이라
고 표현했다.

세종대왕의 가장 신임받는 재상이었던 황희 정승 같은
경우도 목이 많은 유형이다. 황희는 자신의 의견을 정확하
게 말하고 매사 단호하게 행동하는 사람이었는데, 그의 이
런 점들은 세종에게 신뢰를 주었다. 그렇다고 해서 즉흥적
이거나 감정적이지는 않았고, 원칙과 현실 사이의 적절한
지점에 있었다. 황희는 정사에서는 강직하게 자신의 할 말
을 했지만 아랫 사람에게는 관용과 배려가 있었다.

어느 날 잠시 집에 있는데 여종들이 서로 시끄럽게 싸
우다가 한 여종이 달려와, 상대 여종이 자신과 다투다
가 못된 짓을 한 아주 간악한 년이라고 일러바쳤다. 그러
자 황희는 "네 말이 옳다"고 했다. 그러자 또 다른 여종이
와서는 상대 여종에 대해 험담을 했다. 그러자 황희는 또
"네 말도 옳다"고 했다. 옆에서 지켜보던 조카가 "판단이
너무 흐릿하십니다"라고 나서자 황희는 "그래, 네 말도 옳
구나"라고 했다.

열정적이고 모험적인 화의 유형

사주에 화火가 많은 사람들은 대체적으로 열정적이고 모험적이며, 행동적이고 표현적이다. 또한 자기를 잘 꾸미고 통합적이며 창조적이어서 예술가나 운동선수, 방송인, 디자이너가 많다. 대표적으로는 하이브의 방시혁 대표나 기업인이자 요리연구가 백종원 대표를 꼽을 수 있다. 화 유형의 사람들은 열정적인 만큼 활동적인 기질이 강하다.

이 유형의 사람들은 패션 감각도 뛰어나고 자기를 표현하는 데에 있어서 탁월한 능력을 가지고 있다. 화 유형 중에 세계적인 패션 디자이너들이 많은 것도 그런 이유에서다. 이들은 자기 자신을 표현하는 데에 주저함이 없고, 감정이나 속에 있는 말을 감추지 않는다. 또한 성격이 급하다 보니 한 번에 두세 개를 해낼 수 있는 멀티플한 능력이 탁월하다.

인도의 시인 타고르는 화에 해당하는 대표적인 인물이다. 어느 날 그의 집 하인이 세 시간이 넘도록 출근을 하지 않았다. 머리끝까지 화가 난 타고르는 하인을 해고해야

겠다고 마음먹었다. 세 시간이 넘어 허겁지겁 달려온 하인에게 타고르는 빗자루를 던지며 말했다. "너는 해고야! 빨리 이 집을 나가!" 그러자 하인이 빗자루를 들며 말했다. "죄송합니다. 어젯밤에 딸애가 죽어 아침에 급히 묻고 오는 길입니다." 타고르는 그 말을 듣고 인간이 자신의 입장만 생각했을 때 얼마나 잔인해질 수 있는지를 깨달았다. 이는 화 유형의 사람들에게 꼭 필요한 교훈이다. 세상을 살면서 사람에 대해 화가 나거나 미움이 생길 때 잠시 숨을 고르고 상대방의 입장을 조금이라도 생각해본다면 화 유형이 가지고 있는 단점을 보완할 수 있다.

관계, 평화, 소통의 귀재인 토의 유형

사주에 토±가 많은 사람들은 대부분 관계지향적인 성향이 강해서 사람들과 잘 어울리고 중간자 역할을 잘한다. 예를 들어 '배달의민족'이나 '직방'처럼 사람과 사람 사이에 중개자 역할을 하는 아이디어로 회사를 만들어낸 사람들은 대체적으로 토가 많다. 토는 곧 관계 능력이다. 내 사주가 토인지 아닌지 잘 모르겠다면, 내가 사람들하고 소통을 잘하는지, 또 포용적이고 평화적이며 어울리기를 좋아하는지, 또 사람 간에 중재를 잘하는지 등을 파악해보면 내가 관계적인 사람인지 아닌지를 알 수 있다.

관계적인 사람 중 대표적인 인물로는 세종대왕을 꼽을 수 있다. 세종대왕은 소통의 귀재답게 신하들은 물론이고 노비들과도 소통하며 그들의 불편함을 헤아리고 그 불편함을 최소화해주고자 애썼다.

영화배우 오드리 헵번도 관계 능력이 뛰어난 인물 중 한 명이다. 그녀는 "어린이 한 명을 구하는 것은 축복입니다. 어린이 백만 명을 구하는 것은 신이 주신 기회입니다"라고 말했을 정도다. 유니세프 친선 대사가 되어 굶주리는 어린이들이 있는 곳이라면 어디든 마다 않고 달려간 오드리 헵번의 이 말은 전 세계 신문에 대서특필되었고, 전 세계에 기부 문화를 불러일으켰다. 소말리아에서 돌아와 구호기금을 마련하기 위한 각종 인터뷰와 행사에 쫓기는 동안 그녀는 진통제를 달고 다녔다. 1992년, 오드리 헵번은 직장암 진단을 받고 수술을 했지만 경과는 좋지 않았다. 남은 시간이 단 석 달이라는 시한부 선고를 받은 오드리 헵번은 오랫동안 살았던 스위스의 집으로 돌아와 가족들과 함께 고요하게 마지막을 보냈다. 그녀는 죽기 직전 마지막 크리스마스에 마치 유언처럼 가족들에게 다음과 같은 시를 읽어주었다.

기억하라. 만약 네가 도움을 주는 손이 필요하다면 너의 팔 끝에 있는 손을 이용하면 된다는 것을, 네가 더 나이가 들면 두 번째 손을 이용하면 된다는 것을 알게 될 것이다. 한 손은 너 자신을 돕는 것이고, 다른 한 손은 다른 사람을 돕기 위한 것이다.

완벽한 원칙주의자인 금의 유형

사주에 금金이 많은 사람들은 대체적으로 완벽하고 계획적이고 원칙적이고 기계적인 성향이 강하며, 손재주가 뛰어나고, 시간 약속에 철저한 특징을 가지고 있다. 이런 유형의 사람들은 기계공학 등의 분야에 적합하며, 게임이나 프로그램 개발에 탁월한 능력을 보인다.

이순신 장군의 경우가 완벽한 원칙주의자의 대표적인 인물이라고 볼 수 있다. 그는 부하들이 잘못을 저지르면 가차 없이 처벌했는데, 심지어 28명의 목을 베기도 했다는 기록이 있을 정도다. 그만큼 이순신 장군은 원리원칙적인 기질이 매우 강한 성향이다.

봉준호 영화감독 같은 경우도 금의 기질이 매우 강한 사람 중 한 명이다. 배우 김혜자 씨가 한 방송 프로그램에서 그를 두고 "봉준호 감독은 자기가 하고 싶은 것은 반드시 해"라고 말했을 정도로 자신이 하고자 하는 것은 반드시 해내는 스타일이다. 그는 스토리보드를 직접 꼼꼼하게 그려 이를 모든 배우, 제작진들과 공유하는 것으로도 유명하다. 또한 다른 유명 감독들과 마찬가지로 시나리오를 직접 쓰고 시나리오의 대사를 정교하고 섬세하게 다듬기로도 유명한데, 그래서인지 그의 작품에는 사회를 통찰하는 촌철살인의 대사가 수없이 등장한다.

뿐만 아니라 그는 사람에 대한 예의를 철저히 지키는 것으로도 유명하다. 누구든 정중하고 겸손하게 대하며 유머와 쾌활함을 잃지 않는 낙천성을 가지고 있다. 가장 놀라운 것은 배우들에게 연기를 할 때 아주 디테일한 부분까지 요구한다는 점이다. 소매를 어디까지 걷을지, 한숨은 어떤 타이밍에 쉴지, 어떤 걸음으로 걸을지, 아주 사소한 소품의 배열까지 계산한다. 배우 송강호는 "기생충을 함께 작업하면서 봉준호 감독의 정교한 연출력에 깜짝깜짝 놀랐다. 그중 가장 정교한 지점은 밥 때를 칼같이 지켜줬다는 것이다"라고 농담을 했을 정도다. '봉테일'이라는 별명이 괜히 생긴 것이 아니다.

생각이 많고 창의적인 수의 유형

사주에 수水가 많은 사람들은 대부분 생각이 많고 아이디어가 많으며 창의적이다. 한마디로 생각 능력이 뛰어난 사람들이다.

수 유형의 대표적인 인물로는 안철수연구소의 창업자 안철수를 꼽을 수 있다. 이런 유형의 사람들은 연구가로서의 재능이 뛰어나다. 다만 배짱이나 추진력이 조금 약하다는 단점이 있다. 그래서 무언가를 추진하는 일보다 실내에서 연구하거나 아이디어를 만들어내는 일을 훨씬 더 잘한다. 창의적이고 정보 수집력이 뛰어나며 논리적이고 계산적이어서 사업을 한다면 연구 분야나 숫자와 관련한 분야가 좋다.

대표적으로 삼성의 이건희 회장도 이 유형에 속한다. 이건희 회장의 취미는 연구와 생각이었다. 그의 방 한쪽 벽에는 침대, 한쪽 벽에는 책, 또 한쪽 벽에는 대형 TV, VTR, 오디오가 있었다. 재택근무를 자주했는데 회사에 문제가 생겼을 때는 몇 시간이고 꼼짝하지 않고 그 자리에 앉아 생각에 잠겼다고 한다. 이건희 회장의 말투는 어눌한 듯하지만 생각의 속도는 빛보다 빨랐다. 주위의 조언, 시대의 흐름 등에 휩쓸리지 않고 내면의 소리에 집중하는 능력이 뛰어났던 것이다. 이건희 회장은 이런 자질을 아버지로부터 물려받았다고 말한 적이 있다. 어릴 적부터 말수가 적었고, 사람들과 어울리기보다 혼자 놀며 사색하는 시간이 많았다고 한다.

이건희 회장의 또 다른 성향은 정보 수집과 의심이다. 끊임없이 의심하고 그 의심이 해결될 때까지 집요하게 정보를 수집해 완벽하게 이해하는 것이다. 그가 부회장이던 시절, 벤츠와 BMW에서 새로운 모델의 자동차가 발표되면 그 차를 구입해 직접 운전을 하면서 엔진이 과열되지 않는지, 왜 소음이 없는지, 새로운 기술은 무엇이 적용되었는지 등을 파악했다. 심지어 차를 분해하고 조립까지 해볼 정도로 차에 대한 분석과 정보 수집 능력이 뛰어났다. 이건희 회장의 이런 특징은 모두 사주에 수가 많은 사람들의 공통적인 성향이다.

지금까지 소개한 다섯 가지 유형을 한눈에 알아보기 쉽게 표로 만들었다. 각자 자기의 사주가 오행 중 어디에 속하는지 파악하고, 그에 따라 어떤 특성을 가지고 있고, 그 특성을 어떻게 활용하면 좋은지, 그리고 각각의 단점을 어떻게 보완해야 하는지 등을 알아보면 삶을 계획하는 데에 유익할 것이다.

▶ 오행에 따른 직업 적성

오행	성격		직업적성(직무역량)		해당 인물
목木	배려적 온정적 인간적 자유적 헌신적	명예적 성장적 교육적 전위적 희생적	정치 교육 상담 복지 강의 철학 인문 인사	문학 미술 예술 패션 코칭 컨설팅 아이디어 창조	• 이지흠(이용태) 　-유명 입시학원 창시자 • 손주은-유명 입시학원 창업자 • 김범수-카카오 창업자 • 김대중 대통령 • 아서 레빈슨-애플 의장 • 래리 페이지-구글 창업자 • 이브 생 로랑-디자이너 • 김택진-NC 창업자 • 김슬아-마켓컬리 대표
화火	열정적 모험적 행동적 표현적 도전적	통섭적 창조적 실천적 즉흥적 예술적	운동 체육 연예 예술 방송 강연 무용 패션	강의 사업 영업 군인 경찰 음식체인 건축	• 백종원-더본코리아 대표 • 이수만-연예기획사 대표 • 방시혁-연예기획사 대표 • 추성훈-UFC • 손흥민-축구선수 • 노무현 대통령 • 조르지오 아르마니-디자이너 • 피에르 가르뎅-디자이너 • 이브생로랑-디자이너 • 코코 샤넬-디자이너 • 이상화-스피드스케이팅 선수 • 김민선-스피드스케이팅 선수
토土	관계적 소통적 연결적 통관적 중개적	영업적 적극적 여유적 공개적	플랫폼 상담 중개 중매 무역 외교 서비스 SNS	통역 컨설팅 건설 건축 농업 부동산 블록체인	• 김봉진-배달의민족 대표 • 안성우-직방 대표 • 김영삼 대통령 • 장일순-생명운동가, 　생태운동가 • 세르게이 브린-구글 창업자 • 마크 저커버그 　-페이스북 창업자 • 파벨 두로프-텔레그램 창업자 • 노먼 포스터-건축가 • 이타미 준-건축가

| 금金 | 기계적
원칙적
완벽적
단계적
구조적
반복적 | 계획적
체계적
실천적
비판적
경험적 | 공학
기계
기술
체육
군인
경찰
철강 | 미용
의상
조각
악기
스타트업
게임
건축 | • 송재경-엑스엘게임즈 대표
• 정주영-현대 창업자
• 장경호-동국철강 창업자
• 박정희 대통령
• 래리 페이지-구글 창업자
• 안도 다다오-건축가 |
| 수水 | 연구적
창의적
상상적
사고적
계산적
전산적 | 신중적
감성적
감각적
안정적
안전적
논리적 | 전산
컴퓨터
회계
경제
통계
물리
화학
금융
헬스
블록체인 | 약학
제약
연구
스타트업
문학
게임
건축
핀테크
바이오 | • 안철수-안철수연구소 창업자
• 서정진-셀트리온 대표
• 김정주-넥슨 창업자
• 문재인 대통령
• 잭 도시-트위터 창업자
• 케빈 시스트롬
  -인스타 창업자
• 렘 콜하스-건축가
• 프랭크 게리-건축가
• 제프 베이조스-아마존 의장 |

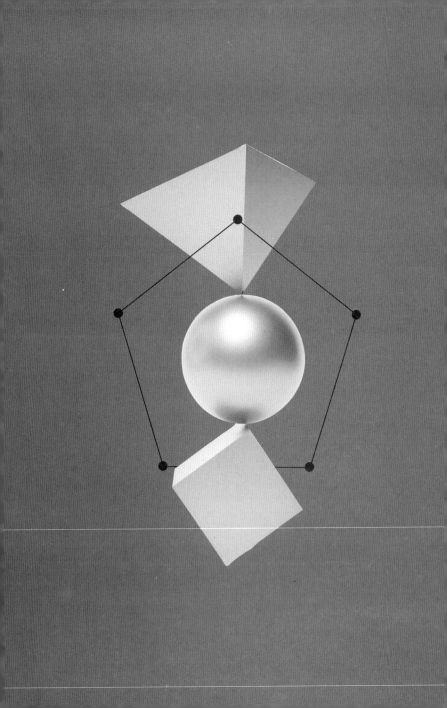

4부

융복합 시대, 연대와 교류로 운을 창조하라

다른 사람들이 행복해지기를 바란다면

인정을 베풀어라.

스스로 행복해지고 싶다면

인정을 베풀어라.

— 달라이 라마

고립 시대에서
관계 교류의 시대로

나는 얼마나 사교적인가

사주명리학에서 오행이 자신에 대한 성격과 감정을 상징한다면, 육친은 사람과의 관계에 대한 부분이 담겨 있다. 4부에서는 바로 인간관계 혹은 대인관계를 어떻게 이끌어가야 복을 부를 수 있는지에 대해 알아보고자 한다.

진화인류학자인 옥스퍼드대학교 로빈 던바Robin Dunbar 교수는 사람의 사교성을 측정하는 던바 넘버Dunbar's number 라는 이론을 주장했다. 그의 주장에 따르면 한 사람이 제대로 된 인간관계를 유지할 수 있는 사람의 수는 최대 150명이라는 것이다. 옥스퍼드대학교 연구팀은 3,500만 명의 전화 통화 60억 건의 기록을 분석했다. 그 결과 평균 4명이 매우 친한 친구였고, 11명이 친한 친구, 30여 명이 그럭저럭 친한 친구, 129명이 그저 알고 지내는 사이였다고 한다.

친구가 되는 데에는 네 가지 조건이 있는데, 첫 번째는 밀접성proximity이다. 가까이 있는 사람이 먼 곳에 있는 사람보다 더 친해지고, 자주 만나는 사람이 자주 만나지 못하는 사람보다 더 친해질 수밖에 없다는 것이다. 한마디로 눈에서 멀어지면 마음도 멀어진다는 뜻이다.

두 번째는 유사성similarity이다. 사람은 자신과 기질, 특성, 직업, 지역, 학교, 사회적 지위, 경제적 능력 등이 유사한 사람과 더 친해진다.

세 번째는 보상rewardingness이다. 밀접성이나 유사성도 중요하지만 상대가 칭찬을 자주하거나 친절하게 대해주거나 도움을 준다거나 보상을 해주면 그를 좋아하게 되고 친해진다는 것이다.

네 번째는 외모성physical attractivess이다. 상대방의 첫인상이나 외모가 잘생기거나 미인이면 호감을 갖게 되는데, 그러면 그 사람의 모든 것이 좋아 보이는 후광 효과 때문에 더 친해진다는 것이다.

너와 나의 연결 고리

6단계 분리 이론six degrees of separation은, 인간은 자신이 살고 있는 나라에서는 적어도 여섯 단계를 거치면 모두가 서로 아는 사이라는 이론이다. 1929년 헝가리의 작가 프리제시 카린시Frigyes Karinthy가 처음 내세운 이론이었다. 이후 예일대학교의 사회심리학 교수 스탠리 밀그램Stanley Milgram이 실험을 통해 이 이론을 입증했다.

스탠리 밀그램은 1960년대 일종의 연쇄 편지 형식의 소포를 네브래스카주의 오마하에 살고 있는 160명의 사람들에게 무작위로 보내는 실험을 실시했다. 그 소포에는 보스턴에서 일하는 한 중개인의 이름이 들어 있었다. 스탠리 밀그램은 이 소포를 받은 사람들에게 그 소포를 중개인과 가까운 사람에게 전달할 수 있다고 생각하는 사람에게 보내달라고 부탁했다. 소포를 받은 사람들은 자기 생각에 중개인과 더 가까운 위치에 있을 것 같은 사람들에게 계속 소포를 보내면서 이 소포는 미국 전역의 여기저기로 옮겨지다가 마침내 그 중개인에게 도착했다. 절반 정도가 여섯 단계를 거친 것으로 나타났다.

미국의 경제학자 로버트 라이시Robert Reich는 스탠리 밀그램의 이 실험 결과를 소개하면서 현대 사회에서 인맥의 중요성은 과거보다 훨씬 증가하고 있다고 말한다. 로버트 라이시는 인맥이라고 해서 다 같은 인맥은 아니며, 스탠리 밀그램의 실험에서처럼 중개인에게 도착한 소포의 절반은 단지 세 사람만 거친 경우라면서 사람마다 가지고 있는 인맥의 형태가 다르다고 말한다. 성공을 위해서는 평소 많은 인맥을 가지고 있는 사람을 찾아내야 한다는 것이다. 물론 요즘처럼 사회관계망 서비스가 일상 깊숙이 들어와 있는 환경에서는 어쩌면 한두 단계만 거쳐도 다 아는 사이가 아닐까 싶기도 하다.

친구가 행복을 부른다

미시건대학교의 심리학 교수 윌리엄 초픽William Chopik은 100개국 27만여 명을 대상으로 조사한 결과 가족과 친구 사이에서 모두 좋은 관계를 유지하는 사람들이 좀 더 건강하고 좀 더 행복하다는 사실을 알아냈다. 나이가 들면 좋은 친구를 주변에 두고 사는 것이 사람의 건강과 삶의 질을 바꿔놓는다. 그러므로 행복해지려면 좋은 우정, 좋은 인간관계에 투자하는 것이 현명하다고 그는 말한다.

1부와 2부에서도 이미 여러 차례 언급했듯이 인류는 서로의 관계 속에서 모든 것이 이루어진다. 『논어』에서 공자는 "유익한 친구도 세 가지 유형이 있고, 해로운 친구도 세 가지 유형이 있다. 정직한 사람을 벗하고, 믿음직한 사람을 벗하고, 견문이 많은 사람(많이 배운 사람)을 벗하면 유익하고, 아첨하는 사람을 벗하고, 착한 척 부드러운 척 잘하는 사람을 벗하고, 말을 그럴싸하게 잘하는 사람을 벗하면 해롭다"고 말한다. 예로부터 친구로 삼지 말아야 할 사람으로 다음의 '오무五無'를 들었다.

무정無情, 인정이 없는 사람

무례無禮, 예의가 없는 사람

무식無識, 아는 것이 없는 사람

무도無道, 도리(인간이 지켜야 할 말과 행동)가 없는 사람

무능無能, 능력이 없는 사람

미국 대통령 조지 워싱턴은 "모두에게 친절하되 소수와 가까워지고, 그 소수를 신뢰하기 전에 먼저 잘 시험해 보시오. 진정한 우정이란 천천히 자란 식물과 같아서 이름을 지어주기 전에 역경을 겪고 이겨내야만 합니다"라고 말한다.

세계적 갑부였던 월마트의 창업자 샘 월튼이 임종을 앞두고 자신의 삶을 돌아보니 친구라고 부를 만한 사람이 없는 것을 한탄하며 크게 후회했다고 한다. 그렇더라도 일반인에 비하면 친구의 수가 무척 많았을 텐데, 그럼에도 친구가 없었다고 하는 것은 그만큼 친구에 대한 필요성을 중요시했기 때문일 것이다.

친구親舊의 한자 '親(친)'에 얽힌 이야기가 있다. 어느 마

을에 어머니와 아들이 살았다. 하루는 아들이 멀리 볼일을 보러 갔다. 저녁 5시에는 돌아온다고 했는데 6시가 되어도 돌아오지 않았다. 어머니는 아들이 걱정스러워 마을 앞까지 나왔다. 동구 밖을 바라보아도 아들의 모습이 보이지 않아 마을 입구에 있는 느티나무에 올라가 멀리까지 바라보았다. 한자 '친'은 이 이야기에서 유래했는데, 木(나무 목), 立(설 립), 見(볼 견)으로 이루어진 한자가 바로 친구의 '친'이다.

성공을 부르는 5가지 유형별 대인관계

인정받고 싶어 하는 유형

대인관계 역량은 크게 다섯 가지로 나누어볼 수 있다. 대인관계를 통해 성공하거나 돈을 벌거나 운을 부르려면 먼저 내 성격이 어떤 유형에 속하는지를 알아야 한다. 그런 다음 그에 따른 대인관계와 직무 역량을 함께 알아보면 성공과 운을 부르는 데에 크게 도움이 될 수 있다.

첫 번째는 인정받고 싶어 하는 유형이다. 대부분의 사람들이 그렇지만 특히 인정을 받았을 때 두세 배 더 힘이

나고 능력이 출중해지는 사람들이 있다. 이렇게 인정 욕구가 강한 사람들은 동시에 헌신적인 면도 가지고 있다. 또 재주가 많아 다른 사람들 앞에 자신을 드러내고 싶어 하는 성향이 강해서 어떤 면에서는 예체능적 기질이 있다고 볼 수 있다.

인정받고 싶어 하는 유형, 자신을 드러내고 싶어 하는 사람들의 키워드는 자유적, 인간적, 독창적, 창조적, 예술적, 청각적이며, 인정 욕구가 강한 만큼 칭찬 욕구도 강하다. 기본 심성은 아주 착하지만 비교당하는 것을 끔찍하게 싫어한다. 그래서 나와 경쟁 구도가 될 만한 사람을 매우 싫어한다. 유명인 중에는 김영삼 대통령이나 정약용 같은 인물이 이 유형에 속하는데, 자신을 드러내고 싶어 하는 기질이 강한 사람들이다.

김영삼 대통령의 경우는 토±가 많은데, 그렇다 보니 관계성이 강하면서도 동시에 인정 욕구가 강하다. 김영삼 대통령의 리더십에 관한 논문들을 살펴보면, 사람들과 소통도 잘하고 관계도 아주 부드럽고 따뜻하다는 내용이 있다. 한마디로 관계를 잘 아는 사람이다. 그의 정치적 삶을

▶ 대인관계 역량 특성과 해당 인물

대인관계 유형	성격	직업 적성 (직무 역량)	해당 인물
인정받고 싶어 하는 유형	• 인정받고 싶어 하는 사람 • 칭찬받고 싶어 하는 사람 • 헌신적인 사람 • 자신을 표현하는 사람 • 재주가 많은 사람 • 착한 심성의 사람 • 관심을 끌려는 사람 • 돋보이고 싶은 사람 • 야망이 있는 사람 • 독립적인 사람	연예 예술 방송 패션 정치 홍보 기획 종교 행정	• 백종원 -더본코리아 대표 • 조용필-가수 • 이브 생 로랑 -패션 디자이너 • 아서 레빈스 -애플 이사회 의장 • 케빈 시스트롬 -인스타그램 창업자 • 세르게이 브린 -구글 창업자 • 김정주-넥슨 창업자 • 이해진-네이버 창업자
함께 성장하고 싶어 하는 유형	• 함께하려는 사람 • 창조적인 사람 • 윈윈하는 사람 • 창의적인 사람 • 아이디어가 뛰어난 사람 • 타인에게 조언하는 사람 • 타인을 돕고자 하는 사람 • 성장시키는 사람 • 도움을 주는 사람 • 다재다능한 사람 • 임기응변이 뛰어난 사람 • 총명한 사람	상담 교육 컨설팅 단체경기 선수 의료 식품 건강 종교 언론 법조 발명 연구 음식업	• 손흥민-축구선수 • 이승엽-야구선수 • 이수만-SM 대표 • 김슬아-마켓컬리 대표 • 서정진-셀트리온 대표 • 스티브 잡스 -애플 창업자 • 일론 머스크 -테슬라 창업자 • 파벨 두르프 -텔레그램 창업자 • 송재경 -엑스엘게임즈 대표 • 베르나르 아르노 -루이비통 창업자 • 제프 베이조스 -아마존 의장 • 마화텅-텐센트 회장

유형	특성	직업	인물
즐겁고 재미있는 삶을 꿈꾸는 유형	• 낙천적인 사람 • 긍정적인 사람 • 창의적인 사람 • 다재다능한 사람 • 아이디어가 넘치는 사람 • 능수능란한 사람 • 행복하길 원하는 사람 • 호기심이 넘치는 사람 • 관심사가 다양한 사람 • 특별한 것을 좋아하는 사람 • 쾌활한 사람	개인경기 선수 연예인 연예기획사 레크리에이션 신문방송 관광 레저 회계 경제 무역 금융 통계 건축 수학	• 안정환 -축구선수, 방송인 • 정두홍-무술감독 • 양현석-YG 대표 • 김동현-UFC 선수 • 방시혁-하이브 창업자 • 래리 페이지 -구글 창업자 • 김봉진 -배달의민족 창업자 • 스티비 렌 -유튜브 창업자 • 워런 버핏-버크셔 애서웨이 CEO(투자자)
조직을 앞장서서 이끌고 싶어 하는 유형	• 적극적인 사람 • 통제하는 사람 • 통제를 싫어하는 사람 • 도전하는 사람 • 자신의 존재가치를 증명하는 사람 • 의지력이 강한 사람 • 추진력이 강한 사람 • 책임감이 강한 사람 • 모험하는 사람 • 열정적인 사람	사업 정치 법학 신문방송 의학 경영 사업 탐험	• 김정빈-슈퍼빈 대표 • 방준혁-넷마블 의장 • 조수용-카카오 대표 • 스티브 잡스 -애플 창업자 • 리처드 새슨 -디지털 카메라 개발자 • 안도 다다오-건축가 • 다니엘 레비 -토트넘 회장 • 왕젠린-완다그룹 회장
의존적이고 충성적인 유형	• 차분한 사람 • 관찰력이 뛰어난 사람 • 박학다식한 사람 • 애매모호한 사람 • 안전을 추구하는 사람 • 충직한 사람 • 타인의 도움을 원하는 사람 • 집단에 충성하는 사람 • 의존하려는 사람 • 자아 만족이 강한 사람 • 학문에 심취한 사람	부동산 건축 건설 정치 연구 연습 기술 개발 작가	• 남중훈 -카카오게임 대표 • 김범석-쿠팡 대표 • 리처드 파인만 -물리학자 • 잭 도시-트위터 창업자 • 안철수 -안철수연구소 창업자 • 최태원-SK 회장 • 팀 쿡-애플 경영자 • 마윈-알리바바 전 의장

돌아보면 김대중 대통령을 달가워하지 않았는데, 자기보다 김대중 대통령이 더 주목받으며 인정받고 칭찬받는 것이 영 마뜩잖았기 때문이다. 경쟁 구도를 싫어하고 칭찬 욕구와 인정 욕구가 강한 사람들의 특징이다.

한번은 한 부모가 내게 상담을 받으러 왔다. 살펴보니 사주에 목木이 많은 배려형이면서 동시에 인정 욕구가 강한 성향의 사람이었다. 그는 자신의 아들의 사주를 봐달라고 했다. 그래서 사주를 보니 도화도 많고 인정 욕구도 강하고 배려심도 많은 성향이었다. 거기다가 자유로운 것에 대한 관심도 아주 컸다. 목의 기질이 도화가 많으면 화가로서의 재능이 뛰어나다. 그런데 아들이 공부까지 잘해서 부모는 아이가 의사가 되기를 바랐다. 뒤에 들은 이야기로는 아들은 부모에게 의대에 합격했다고 거짓말을 하고 미술 공부를 시작했다고 한다. 이 아들은 미술적 재능이 탁월한 사주를 가지고 태어났기 때문에 부모가 그 방향으로 적극 지지해주었다면 참 좋았을 텐데 그렇지 못한 것이 안타깝기만 하다. 하지만 결국 그 아들은 미술 공부에 전념해 미대 교수가 되었다.

함께 성장하고 싶어 하는 유형

두 번째는 함께 성장하고 싶어 하는 유형이다. 이 유형의 사람들은 타인을 가르치고 성장시키고 돕고자 하는 성향이 강해서 무엇이든 함께하는 것을 좋아한다. 창조적이면서 창의적이기도 하고 함께 '윈윈'하기를 바라는 마음이 크며, 남들에게 도움을 주고자 하는 성향이 매우 강하다. 이 유형에는 단체 경기를 주로 하는 운동선수들이 많고, 스타를 양성하는 엔터테인먼트 회사나 교육기관 관계자들이 많다. 또 의약품 개발처럼 함께 연구하고 성장하는 것을 좋아하는 사람들이 많다.

타인과 함께 성장하고 싶어 하는 이 유형은 참모나 컨설팅 분야의 능력이 탁월하다. 다재다능하기도 하지만 혁신적이기도 하고 통찰력이 크다. 이 유형의 인물로는 황희 정승이나 정조 대왕, 그리고 현대에는 SM엔터테인먼트의 이수만 대표 등을 꼽을 수 있다. 정조 대왕의 경우는 금金의 기질로 원칙적이면서도 타인을 돕고자 하는 성향이 강해서 백성들을 위한 정책을 많이 펼치기도 했다. 추사 김정희의 경우는 사주에 화火가 많아 타인을 돕고자 하는 기질이 강하다 보니 오히려 말투가 누군가를 지적하는 듯한 모습으로 드러나 그런 부분들이 약간 단점으로 나타나기도 했다. 스티브 잡스는 죽음을 앞두고 이런 말을 남겼다. "신은 우리에게 부를 가져오는 환상이 아닌 만인이 가진 사랑을 느낄 수 있도록 감각을 선사했다." 만인을 돕고자 하는 기질이 강한 데에서 비롯된 말이 아닐까 싶다.

즐겁고 재미있는 삶을 꿈꾸는 유형

세 번째는 즐겁고 재미있는 삶을 꿈꾸는 유형이다. 이 유형의 사람들은 희망적이고 낙천적이며 타인과 함께 즐거움을 추구하고 싶어 한다. 이들은 호기심이 많고 다재다능하며 능수능란하고 행복을 추구하는 성향이 강하다. 그래서 재미있지 않은 것에 대해서는 금방 싫증을 내기도 한다. 낙천적이고 즐거움을 추구하는 이들은 성격이 부드럽고 자유로우며 쾌락적이고 모험적이고 관계적이며 유쾌

하다. 그래서 사교적인 기질이 매우 강해 사람들과 아주 잘 어울린다.

이 유형의 대표적인 인물로는 안정환, 정두홍, 양현석, 방시혁, 김동현 등을 꼽을 수 있다. 퇴계 이황도 이 유형에 속하며, 영화배우 로빈 윌리엄스도 마찬가지 유형이다. 로빈 윌리엄스의 가장 큰 특징은 본인이 영화 출연을 계약할 때 반드시 노숙자들 고용 계약을 같이 해서 그들이 영화에 출연해 생계를 유지할 수 있도록 해주었다고 한다. 즐거움을 추구하고 낙천적인 성향이 연예, 예술, 방송 쪽의 재능과 잘 맞아떨어진 경우다. 이들은 늘 즐겁고 재미있는 시선으로 세상을 바라보며 자기와 타인의 삶을 희망적으로 끌고 가려는 사람들이다.

앞장서서 조직을 이끌고 싶어 하는 유형

네 번째는 앞장서서 조직을 이끌고 싶어 하는 유형이다. 이들은 적극적이고 통제적이며 통솔하려는 욕구가 강하다. 또한 열정적이고 추진력 있게 끌고 나가려는 성향도 매우 강하다.

대체적으로 카리스마 있는 리더들이 이런 유형에 속한다. 어떤 집단에서 배짱 좋게 앞장서서 이끌어가는 사람이 있다면 대개 이런 유형이라고 보면 된다.

이들은 솔직하고 정의감이 넘치고 적극적이고 활동적이며 매사 자신감이 가득하다. 저돌적이고 주도적이며, 판단력과 결단력도 뛰어나다. 모험 정신이나 도전 정신도 매우 강해서 자신이 뜻하는 바를 확실하게 밀고 나가는 스타일이다.

앞장서서 조직을 이끌고 싶어 하는 유형 중에 빌 게이츠와 세종대왕은 사주에 토$_\pm$가 많아 추진력과 돌파력이 강한 기질인 동시에 관계지향적인 스타일이어서 리더십이 뛰어나다.

반면 이방원의 경우는 화$_火$가 많으면서 돌파적인 스타일이고, 등소평은 원칙적이면서 돌파적인 스타일이다. 율곡 이이는 수$_水$가 많아 생각이나 아이디어가 많고 두뇌가 명석하면서 돌파적인 스타일이다.

의존적이고 충성스러운 유형

다섯 번째는 의존적이고 충성스러운 유형이다. 이 유형의 사람들은 차분하고 관찰력도 뛰어나며 박학다식하고 지혜롭다. 안정적이고 신중하고 충성스러운 기질이 강하지만 인정 욕구도 있고 우유부단한 면도 조금 있다. 이들은 모험적인 분야보다는 연구 활동이나 기술 개발 분야에 재능이 많다.

이 유형의 사람들은 누가 나를 돌봐주었으면 좋겠다고 생각하면서도 또 은근히 끈기가 있다. 그래서 부모덕이나 인덕이 많은 편인데 대표적인 인물로는 문재인 대통령, 노무현 대통령, 안철수 등을 꼽을 수 있다. 이들은 공통적으로 인덕이 있으면서 의존적인 기질이 있는 편이다. 백범 김구나 노무현 대통령은 화火가 많으면서 의존적인 경우이고, 문재인 대통령이나 안철수는 수水가 많으면서 의존적인 경우다.

상담자 중에 수가 많으면서 의존적인 유형으로 과학기술부 장관이 된 경우도 있다. 머리가 좋고 창의적이고 연구 능력이 뛰어나면서 의존적인 경우다. 또 다른 경우는 화火가 많으면서 의존적인 유형인데 영화감독으로 성공했다. 그리고 금金과 수水가 많으면서 의존적인 유형이었는데 진단 시약을 개발해 코스닥에 상장하면서 크게 성공했다.

이렇게 성격에 따라 어떤 업종, 어떤 분야의 일을 해야 적합한지가 어느 정도 결정된다. 그래서 재능에 따라 어울리는 직업 적성이나 직무 역량의 분야가 있기 때문에 오른손잡이가 왼손으로 활동하면 안 되고, 왼발잡이가 오른발로 활동하면 안 되는 것처럼 가능하면 자기한테 가장 잘 어울리는 것을 선택해야 한다. 활동적인 유형은 연구실에 있는 것보다는 활동하는 일을 하는 것이 좋고, 연구 개발에 집중해야 하는 사람들은 활동적인 일보다는 연구실에서 일하는 것이 훨씬 좋다. 반드시 자기한테 어울리는 일을 해야 성공도 할 수 있고 돈도 벌 수 있고 인기도 얻을 수 있고 명예도 얻을 수 있다.

내 돈은
내가 만든다

나의 운이 좋아지는 색상

자신의 타고난 사주를 바꾸는 색깔이나 방향이 있다. 원칙적으로는 사주팔자 전체를 다 봐야 하지만 여기서는 간략하게 태어난 월과 일을 바탕으로 알아보자.

먼저 도표에 표시해놓은 것처럼 입춘에서 경칩 사이, 즉 2월 초에서 3월 초 사이에 태어난 사람들은 인寅에 해당한다. 이때 태어난 사람들의 고유색은 짙은 남색이며, 실내 인테리어나 의상 등에 분홍색을 활용하면 운이 좋아진

▶ 태어난 월에 따른 운의 색상

절기	지지	태어난 생월	고유 색상	활용 색상
입춘~경칩	인寅	2월 초~3월 초	짙은 남색	분홍색
경칩~청명	묘卯	3월 초~4월 초	파란색	흰색
청명~입하	진辰	4월 초~5월 초	녹색	회갈색
입하~망종	사巳	5월 초~6월 초	보라색	회색
망종~소서	오午	6월 초~7월 초	빨간색	검은색
소서~입추	미未	7월 초~8월 초	주황색	검은 갈색
입추~백로	신申	8월 초~9월 초	분홍색	검은 남색
백로~한로	유酉	9월 초~10월 초	흰색	파란색
한로~입동	술戌	10월 초~11월 초	회갈색	녹색
입동~대설	해亥	11월 초~12월 초	회색	보라색
대설~소한	자子	12월 초~1월 초	검은색	빨간색
소한~입춘	축丑	1월 초~2월 초	흑갈색	주황색

다. 경칩에서 청명 사이, 즉 3월 초에서 4월 초 사이에 태어난 사람들은 묘卯에 해당한다. 이때 태어난 사람들의 고유색은 파란색이며, 흰색을 활용하면 운이 좋아진다. 청명에서 입하 사이, 즉 4월 초에서 5월 초 사이에 태어난 사람들은 진辰에 해당한다. 이때 태어난 사람들의 고유색은 녹색이며, 회갈색을 활용하면 운이 좋아진다.

입하에서 망종 사이, 즉 5월 초에서 6월 초 사이에 태어난 사람들은 사巳에 해당한다. 이때 태어난 사람들의 고유색은 보라색이며, 회색을 활용하면 운이 좋아진다. 망종에서 소서 사이, 즉 6월 초에서 7월 초 사이에 태어난 사람들은 오午에 해당한다. 이때 태어난 사람들의 고유색은 빨간색이며, 검은색을 활용하면 운이 좋아진다. 소서에서 입추 사이, 즉 7월 초에서 8월 초 사이에 태어난 사람들은 미에 해당한다. 이때 태어난 사람들의 고유색은 주황색이며, 검은 갈색을 활용하면 운이 좋아진다.

입추에서 백로 사이, 즉 8월 초에서 9월 초 사이 태어난 사람들은 신申에 해당한다. 이때 태어난 사람들의 고유색은 분홍색이며, 검은 남색을 활용하면 운이 좋아진다. 백로에서 한로 사이, 즉 9월 초에서 10월 초 사이에 태어난 사람들은 유酉에 해당한다. 이때 태어난 사람들의 고유색은 흰색이며, 파란색을 활용하면 운이 좋아진다. 한로에서 입동 사이, 즉 10월 초에서 11월 초 사이에 태어난 사람들은 술戌에 해당한다. 이때 태어난 사람들의 고유색은 회갈색이며, 녹색을 활용하면 운이 좋아진다.

▶ 태어난 일에 따른 운의 색상

태어난 날	고유 색상	활용 색상
갑甲	파란색	흰색, 노란색
을乙	연두색	회색, 황토색
병丙	빨간색	검은색, 흰색
정丁	분홍색	자주색, 회색
무戊	노란색	파란색, 검은색
기己	황토색	연두색. 자주색
경庚	흰색	빨간색, 파란색
신辛	회색	분홍색, 연두색
임壬	검은색	노란색, 빨간색
계癸	자주색	황토색, 분홍색

입동에서 대설 사이, 즉 11월 초에서 12월 초 사이에 태어난 사람들은 해亥에 해당한다. 이때 태어난 사람들의 고유색은 회색이며, 보라색을 활용하면 운이 좋아진다. 대설에서 소한 사이, 즉 12월 초에서 1월 초 사이에 태어난 사람들은 자子에 해당한다. 이때 태어난 사람들의 고유색은 검은색이며, 빨간색을 활용하면 운이 좋아진다. 소한에서 입춘 사이, 1월 초에서 2월 초 사이에 태어난 사람들은 축丑에 해당한다. 이때 태어난 사람들의 고유색은 흑갈색

이며, 주황색을 활용하면 운이 좋아진다.

태어난 월뿐만 아니라 태어난 일로 보는 경우도 있다. 태어난 날에 갑甲이 있으면 흰색이나 노란색을 활용하면 운이 좋고, 을乙이 있으면 회색이나 황토색이 운이 좋으며, 병丙이 있으면 검은색이나 흰색, 정丁이 있으면 자주색이나 회색이 운이 좋다. 그리고 태어난 날에 무戊가 있으면 파란색이나 검은색이 운이 좋고, 기己가 있으면 연두색이나 자주색, 경庚이 있으면 빨간색이나 파란색, 신辛이 있으면 분홍색이나 연두색, 임壬이 있으면 노란색이나 빨간색, 계癸가 있으면 황토색이나 분홍색을 활용하면 운이 좋다. 자신한테 맞는 색깔을 잘 찾아 활용하면 건강, 금전, 성공 등의 운이 따라온다.

돈과 복을 부르는 방향

사주마다 운이 따르는 방향이 있다. 해월, 자월, 축월에 태어난 사람들은 남쪽으로 머리를 두고 자거나 남쪽을 바라

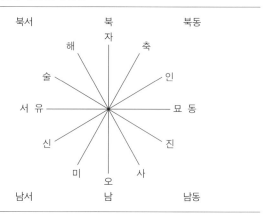

보도록 책상을 놓거나 남쪽에서 들어오는 방향으로 문을 두면 운이 좋아진다. 인월, 묘월, 진월에 태어난 사람들은 서쪽으로 머리를 두고 자거나 책상이나 문도 서쪽으로 두면 운이 좋아진다.

그다음 사월, 오월, 미월에 태어난 사람들은 북쪽으로 머리를 두고 자거나 책상이나 문도 북쪽으로 두면 운이 좋아진다. 신월, 유월, 술월에 태어난 사람들은 동쪽으로 머리를 두고 자거나 책상이나 문도 동쪽으로 두면 운이 좋아진다.

돈과 복을 부르는 기업의 로고

회사 로고에도 복을 부르는 로고logo가 있는가 하면 그렇지 않은 로고도 있다. 세상에는 아주 다양한 모양과 타이포그래피로 이루어진 로고가 있는데, 가장 좋은 모양은 원형이나 타원형, 정사각형이나 직사각형이다. 반면 흩어지는 형태의 로고는 바람직하지 않다. 또한 지나치게 멋을 낸 디자인도 좋지 않다.

에를 들어 삼성의 경우를 보면 가로로 긴 타원형인 것은 좋으나 약간 기울어져 있어서 조금 아쉽다. SK의 경우는 타이포그래피는 좋지만 나비가 기업명에 비해 너무 커서 약간 기운이 눌리는 면이 있다. CJ의 경우를 보면 타이포그래피 디자인 자체가 약간 원형의 느낌이라 괜찮긴 하지만 동그라미 세 개가 나뉘어 있는 모양은 좋지 않다.

카카오나 네이버, 포스코 등은 가로로 긴 직사각형 모양이라 괜찮고, GS와 농협 등도 원형에 가까워서 좋다.

KT나 LS, 대우 같은 경우에는 로고가 약간 흩어지는 느낌이어서 바람직하지 않다. 거평의 경우에는 세로로 된

▶ 한국 기업의 로고 형태

직사각형 모양의 로고인데 이렇게 세로의 직사각형은 부정적이라고 볼 수 있다. 현대자동차는 원형 안에 들어가 있어서 그래도 괜찮은 편이다. 현대건설, 현대산업개발, 현대백화점은 가로의 직사각형 모양은 괜찮으나 컬러가 분열되어 있는 부분이 조금 아쉽다. 한화 역시 여러 개의 원형이 분열되는 느낌이 있다. 금호아시아나 역시 로고로서는 부정적인 부분이 강하다. 로고를 만들 때 뾰족한 디자인은 절대 사용하지 않아야 하는 부분이다.

외국 기업의 로고를 보면 대부분이 원형이나 직사각형의 디자인을 하고 있다. 다양하게 멋을 내기보다는 안정적으로 보이는 디자인들이 대부분이다. 폭스바겐, 벤츠,

▶ 외국 기업의 로고 형태

BMW, 닛산, 캐딜락, 스타벅스, GE 등은 모두 원형의 디자인을 하고 있다. 그리고 나머지는 대부분 직사각형의 디자인이어서 매우 안정적으로 보인다.

부자가 되기 위해 버려야 할 것들

좋은 운을 불러오려면 집 안이나 회사, 사무실, 공장 등에 놓아두어서 안 되는 것들이 있다. 일단 시계, TV, 라디오 등의 고장 난 물건들은 절대 두지 않으며, 녹슨 칼이나 가

위처럼 녹슨 물건도 절대 두어서는 안 된다. 깨진 그릇이나 거울, 전구 등도 안 되며, 망가진 인형이나 장난감도 안 된다. 그리고 누군가 사용하던 것을 주워온 물건들도 가능하면 집 안에 두지 않는 것이 좋고, 죽은 사람이 사용하던 물건도 두지 않는 것이 좋다.

또 다리 조각상이나 머리 조각상처럼 동물이나 사람의 신체 일부만으로 만들어진 조각상도 집 안이나 회사에 두지 않아야 한다. 조화, 즉 가짜 꽃도 좋지 않고, 박제된 동물도 좋지 않다. 오랫동안 입지 않은 옷이나 신지 않은 신발, 오랫동안 사용하지 않은 물건들도 가능한 한 집 안에 두지 않는 것이 좋다.

호랑이나 뱀 등 강한 동물이나 혐오스러운 동물의 사진과 그림 또한 좋지 않으며, 탱자나 아카시아나무처럼 가시가 달린 식물이나 구불구불 엉켜 올라가는 넝쿨 식물도 두지 않는 것이 좋다. 이뿐만 아니라 철제나 유리처럼 차가운 성질의 실내 인테리어는 전반적으로 부정적이라고 보면 된다.

공동체의 운이 곧
나의 운이다

나의 성공과 운은 공동체의 운과 함께한다

오스트리아 태생의 영국 경제학자 프리드리히 하이에크
Friedrich August von Hayek는 신자유주의의 입장에서 모든 계획
경제에 반대한 인물이다. 1974년 스웨덴의 칼 군나르 뮈르
달Karl Gunnar Myrdal과 함께 화폐와 경제 변동의 연구로 노벨
경제학상을 수상하기도 했다. 그는 『자유헌정론』에서 운
에 대해 이렇게 이야기한다. "시장의 작동 원리에서 보상
은 노력과 재능에 비례하지 않는다. 운이 작용하기도 하고

시장은 기본적으로 수요와 공급으로 작동한다. 도덕적 기준은 어디에도 끼어들 틈이 없다. 거래 상대방이 누구인지 상관없이 오로지 가격만 맞으면 거래가 되는 것이다." 그러면서 그는 "인간의 자부심에 대한 모욕일지 모르나 문명의 진보는 우연히 마주치는 최고의 기회에 좌우된다는 것을 반드시 인식해야 한다"고 말한다.

코넬대학교의 로버트 프랭크Robert H. Frank 교수는 2016년 『실력과 노력으로 성공했다는 당신에게』(원제: 성공과 운 Success and Luck)에서 크게 성공한 사람들은 자신이 모든 것을 스스로 해냈다고 믿는 경향이 매우 강하다고 지적했다. 그는 《뉴욕타임스》에 '인생에서 사소해 보이는 우연한 사건은 대다수 사람들이 인식하는 것보다 훨씬 더 중요한 역할을 한다'는 주제의식을 담은 칼럼을 발표했다.

이 칼럼은 독자들의 엄청난 반응을 불러일으켰다. 반응의 대다수는 비난과 비판이었고, 긍정의 반응은 거의 없었다. 특히 자신의 재능과 노력으로 성공했다고 믿는 사람들은 그의 칼럼에 격하게 반론을 제기하며 강한 비판을 쏟아냈다. 그의 칼럼이 엄청난 반응을 보이자 기다렸다는 듯이 TV 뉴스쇼에서 그를 초대했다. 비판적 반론이 많았지만 긍정적이고 낙관적인 성격의 그는 오히려 이번 기회에 성공과 행운의 상관관계를 합리적으로 설명하고 입증해 보이고 싶었다.

로버트 프랭크는 《뉴욕타임스》에 발표한 칼럼과 TV 뉴스쇼의 토론 내용을 발전시켜 『실력과 노력으로 성공했다는 당신에게』를 출간했다. 그는 이 책에서 한 개인의 성공에는 계획하지도 예측하지도 못한 행운 또는 불운의 요소가 필수적으로 개입되어 있다면서 여러 가지 사례들을 제시한다. 특히 행운과 불운의 최초 발생 시점은 다름이 아니라 '출생'이라는 충격적인 이야기를 한다. "만약 여러분이 물질적으로 풍족한 사회가 좋은 것이라는 내 생각에 동의한다면, 개인의 행운에 있어서 다른 모든 것을 초월하는 가장 중요한 행운은 바로 고도로 발전한 선진국에서 태어나는 것이다. 여러분이 아무리 재능 있고 야심으로 가득 차 있다 하더라도 세계에서 가장 가난한 나라에서 태어났으면 물질적 성공이란 그림의 떡일 확률이 높다."

그렇다고 해서 그가 금수저, 흙수저 이야기를 하는 것

은 아니다. 그는 더 많은 사람들이 더 자주 행운을 누릴 수 있도록 사유재산의 적극적인 과세 정책을 실시해 재분배를 하는 등 우리 사회를 보다 너그럽고 유연한 사회로 변화시키자고 주장한다. 나의 성공이 내 실력과 노력만의 결과가 아니라 각자의 성공에 대한 보상이 공동체의 운과 함께 있기에 자발적으로 사회에 환원하겠다는 현실감각을 발휘해야 한다는 것이다.

태어난 나라와 부모가 내 운을 바꾼다

세계적인 불평등 연구자이자 세계은행 출신의 경제학자 브랑코 밀라노비치Branko Milanović 교수는 태어난 나라의 평균소득과 불평등지수만으로 성인 소득의 최고 50퍼센트를 예측할 수 있다고 말한다.

인간이 태어나면서 첫 번째 만나는 운은 '어느 나라에서 태어났는가?'이다. 네덜란드에서 태어났는지, 대한민국에서 태어났는지, 북한에서 태어났는지, 라오스에서 태어났는지, 미국에서 태어났는지에 따라 운이 달라진다. 저개발 국가에서 태어나면 아무리 능력이 뛰어난 사람도 성공할 가능성이 낮다. 그들은 고등교육을 받기 어렵고 대학을 졸업해도 좋은 직장을 구하기 어렵다. 저개발 국가는 전쟁, 질병, 부정부패, 법 집행의 자의성, 인프라의 부족과 자본의 부족 등 다양한 어려움으로 사업적으로 성공하기도 매우 힘들다.

자신이 태어난 국가의 운 다음으로 만나는 운이 '부모'다. 대기업 회장의 자식으로 태어나는지, 가난한 농부의 자식으로 태어나는지, IT 기업 총수의 자식으로 태어나는지, 노점상의 자식으로 태어나는지에 따라 운이 달라진다. 부모의 조건이 태어나는 아이에게 미치는 영향이 매우 크기 때문이다.

심리학자와 경제학자들 사이에서 사람의 성취와 행동, 그리고 성공에 있어서 부모의 유전 요소와 환경적인 요소가 얼마나 중요한지에 대한 연구가 활발하고 뜨거운 논쟁거리였다. 부모에게 받은 유전 요소가 중요하다면 노력보다 운이 중요하다고 볼 것이고, 환경적인 요소가 중요하다면

▶ 부모와 입양자녀·친자녀의 상관관계

	입양자녀-친자녀	친자녀-친자녀
교육 수준	0.157	0.378
소득	0.110	0.277
키	0.014	0.443
몸무게	0.044	0.273

출처: Sacerdote, Quarterty Jounal of Economics, 2007.

사람이 운명을 바꿀 가능성이 매우 높다고 보는 것이다.

그러나 부모는 유전 요소도 제공하지만, 환경적 요소도 제공하기 때문에 유전과 환경을 분리해 연구하기란 쉽지 않다. 그래서 경제학자들은 입양된 아이들과 친자녀들과의 비교 연구를 시작했다. 미국 다트머스대학교의 브루스 새서도트Bruce Sacerdote 교수는 2007년 홀트아동복지회 재단을 통해 대한민국에서 태어나 미국으로 입양된 아이들을 추적조사한 연구를 발표했다.

양부모는 입양할 아이들을 고를 수 없기 때문에 아이들은 무작위로 입양 가정에 배정되었다. 입양된 자녀는 부모로부터 환경만을 제공받았고, 친자녀는 유전과 환경 모두 제공받았다. 그 결과 친자녀들 사이의 상관관계는 교육 수준이 0.378, 소득이 0.277이었다. 반면에 친자녀와 입양된 자녀들 사이의 상관관계는 교육 수준이 0.157, 소득이 0.110으로 낮게 나타났다. 브루스 새서도트는 환경이 동일하더라도 유전 요인이 교육과 소득에 더 많은 영향을 준다고 설명한다. 다시 말해 부모의 유전자와 부모가 어린 시절 제공하는 환경의 영향이 매우 크다는 것이다.

다만 같은 환경에서도 부모가 친자녀에게 행동하는 모습과 입양자녀에게 하는 행동이 차이가 있었을 수도 있다는 것을 연구에서 간과하지는 않았을까라는 생각을 해본다. 어쨌거나 내가 어떤 나라에서 태어나고, 어떤 부모를 만나는가 하는 것은 분명 운이다.

나의 성공은 온전히 나의 능력 때문일까

마이클 샌델Michael J. Sandel은 "지금 서 있는 그 자리, 정말 당신의 능력 때문인가?"라고 묻는다. 그는 27세에 하버드대학교 최연소 교수가 되었고, 존 롤스의 정의론을 비판한

『자유주의와 정의의 한계』를 발표하면서 세계적인 학자로서의 명성을 얻었다. 그의 수업은 수십 년 동안 학생들 사이에서 최고의 명강의로 손꼽힌다.

마이클 샌델은 『정의란 무엇인가』라는 책에서 마이클 조던이 부자인 이유가 마이클 조던의 우월한 유전자 때문이 아니라고 주장한다. 마이클 조던의 농구에 대한 재능은 충분히 찬양할 만하지만, 사회가 농구에 열광하지 않고 무관심했다면 마이클 조던이 지금 같은 부를 누릴 수 없었을 것이라고 말한다. 농구를 잘하는 사람이 부를 얻을 수 있었던 이유는 단순히 농구를 잘하는 유전자 때문이 아니라 농구를 좋아하는 사회에서 태어났기 때문이라는 것이다.

마이클 샌델은 제비뽑기로 대학 입학생을 선발하자는 '유능력자 제비뽑기'를 제안하기도 했다. 하버드대학교에 지원한 다양한 학생 중 절반 정도는 학업 성취도가 매우 뛰어날 것이고, 이 절반의 학생이 대학교에서 요구하는 학업 능력을 갖추었다면 제비뽑기를 통해 입학의 기회를 부여하자는 것이었다. 그는 이런 도발적인 주장의 이유에 대해 사람들이 자신의 성과가 오롯이 자신의 노력만으로 이루어졌다고 믿는 능력주의의 오만을 깨기 위해서라고 강조했다. 우리의 성취를 좌우하는 것에는 다른 외부적인 요인인 '운', '가정환경' 등도 존재하기 때문이라는 것이다.

현행 입시제도로 예측할 수 있는 것은 첫 학기에 좋은 성적을 받는 정도일 뿐 졸업할 때 누가 가장 뛰어날지, 사회에 나가 연구 분야나 직장에서 어떤 성과를 이룰지는 예측할 수 없다. 예를 들어 마틴 루서킹은 보스턴대학교 신학대학 입학시험의 수사학과 언어능력 평가에서 총 2위권 점수를 받았다. 하지만 그는 미국 역사상 최고의 연설가 중 한 명이자 흑인 인권운동가로 성장했다.

마이클 샌델은 "능력이 능력주의로 변하는 순간 능력은 폭압이 된다"면서 우리에게 이렇게 묻는다. 능력주의는 왜 폭압이 되었을까? 부자는 노력으로 부를 얻을까? 부자는 행운으로 부를 얻을까? 그는 자신의 이 질문에 대해 "입시 경쟁은 부유한 계층에게 더 좋은 기회를 주는 것이다. 능력주의는 결국 평등보다는 사회 전반의 불평등을 가져오게 된다"라고 말한다.

우리에게 행운이란

서양의 '행운을 빈다'는 뜻의 'break a leg'는 직역하면 '다리가 부러져라'이다. 이 무서운 표현이 '행운을 빌어!'라니. 이 표현의 유래에는 몇 가지 설이 있다.

첫째, 소원을 빌면 영혼들이 그 소원을 반대로 일어나게 만든다는 속설이 있었다. 그래서 '다리가 부러져라'고 하면 그 반대로 '행운을 비는 것'이 되었다고 한다.

둘째, 고대 그리스에서 공연 무대를 본 관객들이 박수 대신 발을 굴러 기쁨을 표현했다. 다리가 부러질 정도로 오랜 시간 발을 구를 만큼 재미있고 즐겁고 행복한 공연을 본다는 의미가 '행운을 빌어'가 되었다.

셋째, 엘리자베스 여왕 시대에도 관객들이 박수 대신 의자를 바닥에 두드렸다. 너무 좋아 계속 두드리다 보면 의자 다리가 부러졌는데 이것이 행운의 상징이 되었다.

넷째, 초창기 극장에서는 앙상블 배우들이 공연을 했는데 배우들은 연기를 하지 않을 때는 'leg line' 뒤에 머물러 있어야 했다. 그러니까 'leg line' 앞으로 나가야 연극을 하고 돈을 벌 수 있었던 것이다. 이 'leg line'을 부수는break 일이야말로 배우가 연기를 하고 돈을 벌 수 있게 되는 것이다. 여기서 바로 'break a leg'가 '행운을 빌어'가 되었다.

그 유래가 어찌 되었든 서양이나 동양이나 우리 모두를 위해 서로가 행운을 빌고 또 행운이 찾아오기를 고대하는 마음은 다르지 않다. 나는 많은 사람들의 불편함을 덜어주고 해결해주는 것이 곧 행운을 불러오는 극약처방이 아닐까 생각한다. 강을 건너지 못하는 사람들을 위해 다리를 놓아주는 것, 긴 시간을 할애해 쇼핑을 해야 하는 사람들의 불편함을 덜어주는 것, 비가 오나 눈이 오나 전단지를 돌리느라 고생하는 사람들을 위해 어플리케이션을 만드는 것, 바로 이런 생각과 실천이 결국 나에게 행운이라는 달콤함을 안겨주는 것이 아닐까.

새옹지마塞翁之馬라는 고사성어가 있다. 인생의 길흉화복은 변화가 많아 예측하기가 어렵다는 뜻으로 많은 사람들이 흔하게 사용하는 말이다. 옛날 중국 만리장성의 변방에 한 노인이 살고 있었다. 사람들은 이 노인을 '새옹'이라고 불렀다. 어느 날 새옹의 말이 오랑캐 땅으로 달아나 버렸다. 마을 사람들이 이 소식을 듣고 노인에게 "어떻게 하면 좋아요. 그 좋은 말이 달아나버렸으니!" 하며 안타까워했다. 그러나 노인은 태연하게 "이 일이 좋은 일이 될지 누가 알겠소"라고 말했다.

얼마가 지나 정말로 노인의 말이 다시 돌아왔는데 혼자가 아니라 오랑캐의 뛰어난 말을 데리고 왔다. 마을 사람들이 축하해주자 노인은 "이 일이 화가 될지 누가 알겠소"라고 말했다. 며칠 후 노인의 아들이 오랑캐의 말을 타다 떨어져 다리를 다쳤다. 마을 사람들이 노인을 위로했다. 그러자 노인은 "누가 알겠소. 이 일이 좋은 일이 될지"라고 말했다.

1년이 흐른 어느 날 이 마을에 오랑캐가 쳐들어왔는데 마을에 있는 장정들이 징집되어 오랑캐와 싸우다 모두 죽고 말았다. 하지만 노인의 아들은 다리가 부러져 군대에 가지 않고 살아남았다.

'새옹지마'는 바로 이 이야기에서 유래했다. 좋은 일과 나쁜 일은 그 변화를 예측하기 어렵고 늘 반복된다는 의

미를 담고 있다. 그러니 누구한테는 항상 좋은 일만 생기고, 누구한테는 항상 나쁜 일만 생기지는 않는다.

낙수천석落水穿石이라는 고사성어가 있다. 처마 밑에서 떨어지는 하잘것없는 물방울이 단단한 바위를 뚫는다는 뜻이다. 반복적인 노력, 부단한 노력을 하는 사람은 불가능할 것 같은 일도 언젠가 이루고 만다는 의미로 해석할 수 있다. 『중용』에 다음과 같은 글이 있다.

인일능지 기백지人一能之 己百之
인십능지 기천지人十能之 己千之

남이 한 번에 잘하면 나는 백 번을 하며, 남이 열 번에 잘하면 나는 천 번을 한다는 뜻이다. 조선 중기 때의 문인인 김득신金得臣은 어렸을 때 천연두를 앓아 지각이 발달하지 못하고 재주가 둔했다. 그러나 그는 포기하지 않고 이를 극복하기 위해 『논어』를 3,000번 이상 읽고 『사기』에 실린 「백이열전」을 무려 7만 번 이상 읽었다. 그의 아버지는 이런 아들을 질책하기보다 적극적으로 격려했다. "학문의 성취가 늦다고 성공하지 말란 법이 없다. 그저 읽고 또 읽으면 반드시 대문장가가 될 것이다. 그러니 공부를 게을리하지 마라."

김득신은 한문 4대가 중 한 사람인 이식李植으로부터 '당대 문단의 제1인자'라는 평가를 받으며 시명詩名을 떨치고 51세의 늦은 나이에 과거에 합격했다. 이 모두 노력의 노력을 거듭한 결과였다. 태생은 내 힘으로 어쩔 수 없는 일이지만 이후부터의 삶은 나의 노력에 따라 얼마든지 행운으로 만들 수 있다.

가장 빛나는 삶의 보석, 지금!

사주 상담을 하다 보면 많이 받는 질문 중 하나가 바로 '앞으로 언제쯤'이다. '앞으로 언제쯤 큰돈을 벌 수 있을까요?', '앞으로 언제쯤 승진할 수 있을까요?' 등등 미래에 대한 질문이 대다수다. 지금보다 미래가 궁금하기 때문일 것이다. 하지만 지금 내가 어떻게 살 것인지에 대해 고민하고, 현재를 충실하게 살아가지 않으면 자신이 기대하는 그런 밝은 미래는 열리지 않는다.

대개 자신의 삶이 힘들다고 느끼는 사람들이 철학관이나 점집을 찾는다. 그러고는 언제, 어떻게 자신의 삶이 풀릴지 묻는다. 이렇게 미래에 대한 궁금증이 큰 분들에게 사주를 풀기 전에 즉시 해주는 말이 있다. "지금까지 살아오면서 불행했다면 남은 생은 그만큼의 행복이 찾아올 것입니다. 지금을 열심히 살 때 밝은 미래가 옵니다."

괴테 역시 "인간은 현재라는 가치의 중요성을 모른다. 막연하게 보다 나은 미래를 상상하거나 헛된 과거에 집착하고 있기 때문이다"라고 말한다. 사주의 가장 중요한 포인트는 과거도 미래도 아니고 바로 '지금 어떻게 살 것인가'이다. 아직 오지 않은 내일을, 한 달 뒤를, 일 년 뒤를 알려고 애쓰기보다 지금 이 순간을 느끼고, 지금 이 순간에 몰입하고, 지금 이 순간에 충실하라. 그러다 보면 자연스레 밝은 미래가 열린다.

사주명리학四柱命理學

사주에서 인간의 생년월일 및 생시의 간지팔자로 선천운과 후천운을 감정하는 학문이다. 개인의 생년, 월, 일, 시인 사주팔자를 분석해 나무木, 불火, 흙土, 쇠金, 물水의 다섯 가지 기운의 상생과 상극의 관계를 따져 길흉화복을 판단한다. 사주팔자에 나타난 음양과 오행의 배합을 보고, 그 사람의 부귀와 빈천, 부모, 형제, 질병, 직업, 결혼, 성공, 길흉 등의 제반 사항을 판단하는 것이다.

사주팔자四柱八字

인간의 운명을 알아보는 네 가지 요소와 그를 표현하는 여덟 글자를 말한다. 사주는 인간의 운명을 지탱하는 네 가지 기둥을 뜻하는 연, 월, 일, 시를 가리킨다. 팔자는 연,

월, 일, 시를 간지로 표현한 것이다.

오행五行

음양오행陰陽五行중 오행을 말하며, 동양에서 우주 만물의 변화를 나무, 불, 흙, 쇠, 물의 다섯 가지 기운으로 압축해 설명한 사상이다. 인, 의, 예, 지, 신의 오덕五德이나 근대 이전 육안으로 관찰되었던 태양계 오행성과 연결 짓기도 한다. 인간의 생성과 소멸은 우주의 순환 이치와 같다. 우리는 태양과, 수성, 목성, 화성, 토성, 금성이 달과 지구가 멀고 가까워질 때 생기는 변화에 의해 영향을 받는다. 우리가 살고 있는 지구는 태양을 구심점으로 자전과 공전을 거듭하고 있는 하나의 별이다. 그 별들의 원소는 물, 나무, 불, 흙, 쇠의 오행으로 이루어져 있다.

만세력萬歲曆

앞으로의 100년 동안의 여러 가지 역에 관한 지식을 미리 알 수 있도록 편찬된 조선시대 역법서. 매10년마다 추가 계산하여 나가면 1만년에 걸친 역서를 한 책에 수록할 수 있게 하였다. 천문과 절기를 추산해서 앞날을 내다보기 위해 만들어졌으며, 특정한 날 특정한 시간에 음양오행의 기운이 어떠한지 등을 알 수 있다.

에니어그램Enneagram

사람을 아홉 가지 성격으로 분류하는 성격 유형 지표이자 인간 이해의 틀이다. 희랍어의 9를 뜻하는 'ennear'와 점, 선, 도형을 뜻하는 'grammos'의 합성어로, 원래는 '9개의 점이 있는 도형'이라는 의미다. 기원전 2500년경부터 중동

아시아에서 유래한 고대의 지혜로 알려져 있다. 사람들이 느끼고 생각하고 행동하는 유형을 아홉 가지로 분류할 수 있으며 이 중 하나의 유형을 타고난다고 설명한다.

얀테의 법칙Law of Jante

북유럽 국가에서 일상적으로 사용하는 일종의 행동 지침으로, 평범함에서 벗어나려는 행동이나 개인적으로 야심을 품는 행동을 부적절하게 묘사한다. 덴마크계 노르웨이 작가인 악셀 산데모세의 소설에 등장하는 '얀테의 법칙'에서 유래했지만 실제로는 좀 더 오래되었다. 개인주의와 사적인 성공에 몰두하기보다는 집단과 공동체의 이익을 중시하는 태도, 개인주의적인 사람들을 일제히 비판하는 태도를 나타내는 사회학적 용어다.

퍼스트 펭귄 First penguin

선구자 또는 도전자의 의미로 사용되며, 남극 펭귄들이 사냥하기 위해 바다로 뛰어드는 것을 두려워하지만 펭귄 한 마리가 먼저 용기를 내어 뛰어들면 나머지 무리가 따라서 바다로 뛰어든다는 데에서 유래했다. 미국 카네기멜론대학의 컴퓨터공학과 교수 랜디 포시의 유작 『마지막 강의』를 통해 알려진 단어다. 용기를 가지고 도전해 조직에 큰 영향을 주는 구성원을 일컫는 말로, 영어권에서는 이 말을 불확실성을 감수하고 용감하게 도전하는 선구자를 뜻하는 관용어로 사용한다.

◆ 참고 문헌 ◆

김하중, 『증언-외교를 통해 본 김대중 대통령』, 비전과리더십.

이순신, 『쉽게 보는 난중일기(완역본)』, 노승석 역, 여해.

이순신, 『신완역 난중일기(교주본)』, 노승석 역, 여해.

이순신, 『난중일기』, 한국학자료원.

박혜일, 최희동, 배명덕, 김영섭, 『이순신의 일기』, 시와진실.

김구, 『백범일지』, 도진순 주해, 돌베개.

김구, 『초판본 백범일지』, 양윤모 역, 더스토리.

김구, 『정본 백범일지』, 도진순 편, 돌베개.

김구, 『백범일지』, 김학민, 이병갑 주해, 학민사.

김구, 『김구 자서전 백범일지』, 한국학자료원.

박시백, 『박시백의 조선왕조실록』, 휴머니스트.

이덕일, 『조선왕조실록』, 다산초당.

돈 리처드 리소, 러스 허드슨 공저, 『에니어그램의 지혜』, 주혜명 역, 한문화.

이완 로버트슨, 『승자의 뇌』, 이경식 역, 알에이치코리아.

장자, 『장자』, 김학주 역, 역암서가.

김정탁, 『장자: 역주편』, 성균관대학교출판부.

장자, 『역주 장자 1, 2, 3, 4』, 안병주, 전호근 공역, 전통문화연구회.

앨빈 토플러, 하이디 토플러 공저, 『앨빈 토플러의 부의 미래』, 김중웅 역, 청림출판.

권정생 글, 정승각 그림, 『강아지똥』, 길벗어린이.

황현, 『매천야록』, 허경진 역, 서해문집.

공자, 『논어』, 김원중 역, 휴머니스트.

공자, 『논어』, 오세진 역, 슬기바다.

장자, 『장자』, 이강수, 이권 역, 길.

데이비드 스노든, 『우아한 노년』, 사이언스북스.

주디스 루이스 허먼, 『트라우마』, 최현정 역, 사람의집.

빅터 프랭클, 『죽음의 수용소에서』, 이시형 역, 청아출판사.

루이스 캐럴, 『거울나라의 앨리스』, 김민지 그림, 김양미, 정윤희 역, 인디고.

김동완, 『돈과 운을 부르는 색채 명리학』, 행성B.

김동완, 『마음의 비밀 코드 색채 타로』, 동학사.

유의경, 『세설신어』, 임동석 역, 동서문화사.

백종원, 『백종원의 장사 이야기』, 알에이치코리아.

심혜숙, 김정택 공저, 『MBTI 성장 프로그램 지도자 안내서』, 한국심리검사연구소.

고영재, 『당신이 알던 MBTI는 진짜 MBTI가 아니다』, 인스피레이션.

이요철, 『MBTI 철학자』, 쏭북스.

김창윤, 『성격과 삶』, 북캠퍼스.

박철용, 『MBTI의 의미』, 하움출판사.

김동완, 『균형』, 봄봄스토리.

하워드 베하, 『사람들은 왜 스타벅스로 가는가』, 김지혜 역, 유엑스리뷰.

켈리 최, 『웰씽킹』, 다산북스.

이서윤, 홍주연 공저, 『더해빙』, 수오서재.

박영규, 『주역으로 조선왕조를 읽다』, 씽크스마트.

로버트 기요사키, 『부자 아빠 가난한 아빠 2』, 안진환 역, 민음인.

팀 페리스, 『나는 4시간만 일한다』, 최원형, 윤춘송 역, 다른상상.

자청, 『역행자』, 웅진지식하우스.

김도윤, 『럭키』, 북로망스.

조셉 머피, 『부의 초월자』, 조율리 역, 다산북스.

홍춘욱, 『돈의 역사』, 로크미디어.

앤절라 더크워스, 『그릿』, 김미정 역, 비즈니스북스.

칩 히스, 댄 히스 공저, 『스틱』, 안진환, 박슬라 역, 웅진지식하우스.

자코모 리촐라띠, 코라도시니갈리아 공저, 『공감하는 뇌』, 이성동, 윤송아 역, 울산대학교출판부.

슈테판 클라인, 『행복의 공식, 최대한 쉽게 설명해드립니다』, 김영옥 역, 이화북스.

탈 벤 샤하르, 『하버드는 학생들에게 행복을 가르친다』, 노혜숙 역, 위즈덤하우스.

서은국, 『행복의 기원』, 21세기북스.

최인철, 『굿라이프』, 21세기북스.

조지 베일런트, 『행복의 조건』, 이덕남 역, 프런티어.

사마천, 베인, 사마정, 장수철 공저, 『사기』, 한가람역사문화연구소 사기연구실 역,
　　한가람역사문화연구소.

사마천, 『사기』, 김원중 역, 민음사.

라이너 지텔만, 『부의 해부학』, 김나연 역, 토네이도.

이스라엘 M 커즈너, 『경쟁과 기업가정신』, 자유기업센터.

톨스토이, 『안나 까레니나 상, 하』, 이명현 역, 열린책들.

존 홀스, 『정의론』, 황경식 역, 이학사.

황경식, 『존 롤스 정의론』, 쌤앤파커스.

마이클 샌델, 『정의란 무엇인가』, 김명철 역, 김선운 감수, 와이즈베리.

마이클 샌델, 『공정하다는 착각』, 함규진 역, 와이즈베리.

마이클 샌델, 『돈으로 살 수 없는 것들』, 안기순 역, 김선욱 감수, 와이즈베리.

찰스 핸디, 『삶이 던지는 질문은 언제나 같다』, 강주헌 역, 인플루엔셜.

프리드리히 하이에크, 『자유헌정론』, 최지희 역, 자유기업원.

황현, 『매천야록』, 허경진 역, 서해문집.

나관중, 『삼국지 세트』, 정문 그림, 이문열 역, 알에이치코리아.

나관중, 『삼국지 세트』, 황석영 역, 창비.

로버트 H. 프랭크, 『실력과 노력으로 성공했다는 당신에게』, 정태영 역, 글항아리.

로버트 H. 프랭크, 『행동의 전염』, 김홍옥 역, 에코리브르.

로버트 H. 프랭크, 『경쟁의 종말』, 안세민 역, 웅진지식하우스.

피에르 신부, 『단순한 기쁨』, 백선희 역, 마음산책.

프랭크 다라본트 감독, 〈쇼생크 탈출〉

변성현 감독, 〈킹메이커〉

닐 버거 감독, 〈다이버전트〉

로베르트 슈번트케 감독, 〈다이버전트 시리즈: 얼리전트〉

로베르트 슈번트케 감독, 〈인서전트〉

김대승 감독, 〈번지점프를 하다〉

KBS 예능 프로그램, 〈TV는 사랑을 싣고〉

일본 TBS 드라마, 〈중쇄를 찍자〉

KI신서 11044
더 포춘

1판 1쇄 발행 2023년 10월 25일
1판 4쇄 발행 2024년 2월 26일

지은이 김동완
펴낸이 김영곤
펴낸곳 (주)북이십일 21세기북스

인생명강팀장 윤서진 **인생명강팀** 최은아 강혜지 황보주향 심세미
디자인 표지 [★]규 **본문** 푸른나무
출판마케팅영업본부장 한충희
마케팅2팀 나은경 정유진 박보미 백다희 이민재
출판영업팀 최명열 김다운 김도연
제작팀 이영민 권경민

출판등록 2000년 5월 6일 제406-2003-061호
주소 (10881) 경기도 파주시 회동길 201(문발동)
대표전화 031-955-2100 **팩스** 031-955-2151 **이메일** book21@book21.co.kr

ⓒ 김동완, 2023
ISBN 978-89-509-5766-7 04300
        978-89-509-9470-9 (세트)

(주)북이십일 경계를 허무는 콘텐츠 리더

21세기북스 채널에서 도서 정보와 다양한 영상자료, 이벤트를 만나세요!

페이스북 facebook.com/jiinpill21   **포스트** post.naver.com/21c_editors
인스타그램 instagram.com/jiinpill21   **홈페이지** www.book21.com
유튜브 youtube.com/book21pub

서울대 가지 않아도 들을 수 있는 **명강**의! 〈서가명강〉
'서가명강'에서는 〈서가명강〉과 〈인생명강〉을 함께 만날 수 있습니다.
유튜브, 네이버, 팟캐스트에서 '서가명강'을 검색해보세요!